Psicanálise, feminino, singular

Jeferson Machado Pinto

Psicanálise, feminino, singular

autêntica

Copyright © 2008 by Jeferson Machado Pinto

PROJETO GRÁFICO DA CAPA
Patrícia De Michelis

REVISÃO
Alexandra Fonseca

EDITORAÇÃO ELETRÔNICA
Christiane Costa

Todos os direitos reservados pela Autêntica Editora. Nenhuma parte desta publicação poderá ser reproduzida, seja por meios mecânicos, eletrônicos, seja via cópia xerográfica, sem a autorização prévia da editora.

AUTÊNTICA EDITORA LTDA.
Rua Aimorés, 981, 8º andar . Funcionários
30140-071 . Belo Horizonte . MG
Tel: (55 31) 3222 68 19
Televendas: 0800 283 13 22
www.autenticaeditora.com.br

Dados Internacionais de Catalogação na Publicação (CIP)
(Câmara Brasileira do Livro, SP, Brasil)

> Pinto, Jeferson Machado
>   Psicanálise, feminino, singular / Jeferson Machado Pinto. — Belo Horizonte : Autêntica Editora , 2008 . — (Coleção Obras Incompletas)
>
>   Bibliografia.
>   ISBN 978-85-7526-357-0
>
>   1. Análise do discurso 2. Psicanálise. 3. Psicologia clínica 4. Teoria psicanalítica I. Título. II. Série.

08-08623   CDD-150.195

Índices para catálogo sistemático:
1. Psicanálise : Ensaios : Teorias : Psicologia 150.195

Para Claudia, fonte inesgotável das faces do feminino.

SUMÁRIO

09	Apresentação
13	Prefácio, por Anna Carolina Lo Bianco
17	Aviso ao leitor

Parte I	**Da psicologia à psicanálise** **A Ciência como um nome do pai**
21	A produção do conhecimento em psicanálise como *sinthome* do analista
31	Psicologia e psicanálise: dois discursos diferentes
41	Psicologia das massas e análise do eu: uma teoria do final de análise?
55	A servidão ao saber e o discurso do analista
67	Política da psicanálise: clínica e pesquisa
81	Há algo novo no amor...

Parte II	**A̸ Mulher como nome do pai**
93	Sobre "El 'hay' de la relación sexual", de Jean-Luc Nancy
95	Sugar baby: mulher e o avesso do avesso da cultura
103	Contingência do falo: a perversão e a lógica do semblant
109	O desejo do analista: o sujeito, o necessário e a contingência
123	Uma erótica pragmática?
133	Verdade e ficção em uma erótica pragmática
143	A formação do analista diante das políticas regulatórias
151	A mulher e a letra
161	A psicanálise funciona?

Apresentação

Trabalhar com a psicanálise supõe certas complexidades.

Trata-se do contato com um objeto que Freud descobriu e que, mesmo na impossibilidade de apreendê-lo totalmente, caminhou por suas arestas e seus efeitos de repetição, tecendo, a partir disso, sua teoria. Por isso mesmo é um objeto que, como causa de desejo nos retém, fugidio e enigmático.

Assim pensa Lacan, quando, ao conduzir seu seminário sobre a Lógica do Fantasma, se pergunta sobre esse tipo de ensinamento que ele mesmo profere, ao supor que haja sujeitos para os quais se realiza o estatuto implicado nesse novo tipo de objeto que é o objeto freudiano. Dito de outra maneira, supõe que haja analistas, isto é, sujeitos que sustentariam em si mesmos que o Outro, o grande Outro tradicional não existe, e que, por essa condição de vazio, tem seus efeitos marcantes em cada um que aí se implica, e isso não pode ser desconhecido.

Que será de um ensinamento que supõe a existência disso que, certamente, não existe? Será que nesse tipo de ensinamento cabe a palavra discípulo, já que cada um, de maneira singular, deve deixar-se levar por essa causa e, de sua subjetividade ainda por vir, colocar em ato uma aposta no campo do saber?

Assim, a cada psicanalista cabe se posicionar, e, a partir da clínica, há aqueles que se dispõem a elaborar os rastros desse objeto na transmissão. Surgem jornadas, congressos, colóquios, mesas de discussão, seminários. Daí restam textos, revistas, coletâneas, livros e publicações que testemunham a incompletude inerente a esse caminhar.

A proposta da coleção *Obras Incompletas* começa nesse ponto para registrar, sob um novo arranjo, o percurso de cada autor que se implicou na transmissão da psicanálise, acompanhando a abertura das questões geradas pela busca freudiana e suas propostas de formalização através da escrita. É que, deslocando o foco da questão trabalhada para a pena com a qual ela se escreveu, nota-se um certo conjunto, um certo efeito de sujeito, e o estilo deixa-se imprimir como o que foi feito dos rastros do objeto ao modo de cada um.

Isso nos faz lembrar Freud num escrito de 1936, a carta a Romain Rolland, escrita por ocasião do 70° aniversário do amigo escritor. Freud oferece como presente a elaboração de algo ocorrido há 30 anos, quando visitara Atenas, especialmente a Acrópole. É um texto belíssimo, que analisa as implicações de um certo "sentimento de estranheza" por ter tido, na ocasião, um pensamento de dúvida sobre a existência da Acrópole, e, no entanto, estava bem diante de suas ruínas. Essa experiência estranha lhe voltava à mente de quando em quando – *heimsucht* = busca a casa, é o termo escolhido – e só agora, no final da travessia de uma vida dedicada à causa analítica, consegue atribuir-lhe um sentido, mostrando como o real se impõe e exige do sujeito uma posição. E, ao final da carta, despede-se, agradecendo ao amigo a oportunidade de elaborar essa experiência que anos a fio o perturbava, retornando sempre à sua memória. Seu "tesouro de lembranças" – *Erinnerungsschatz*: é com esta expressão que Freud se refere à memória – agora encontrou uma certa estabilidade, podendo descansar.

Talvez seja isso mesmo que acontece na lida com a psicanálise. A escrita é um trabalho de formalização, como algo que se deposita do emaranhado das questões que atravessam a prática analítica e que, ao se registrar, abrem-se outras mais. O escrito coloca uma pontuação que retroage sobre as associações anteriores, que poderão receber agora um novo sentido. É o efeito *nachträglich* – a posteriori. O trabalho de escrita cumpre também certa solidão, à qual, no entanto, se deve renunciar, pois o coletivo faz parte dessa implicação, e, em certa medida, deve-se a ele.

Destas *Obras Incompletas* certamente farão parte textos de várias fontes. Alguns inéditos, por não ter sido oportuna sua publicação, tanto devido a algum momento histórico particular, quanto talvez por postularem algo ainda não suficientemente elaborado. Outros que já fizeram parte de revistas e livros, onde se referem a um tema ou respondem a uma proposta, mas aqui serão reunidos dentro de um percurso com outra ótica. Outros ainda serão absolutamente novos, correspondendo a um momento da atualidade.

São ensaios, no dizer de Barthes em *Aula*: "gênero incerto onde a escritura rivaliza com a análise". Disso se pode concluir que, se por um lado, formam um conjunto, por outro, delineiam o particular de um analista com seu trabalho.

Refiro-me novamente a Barthes em *O prazer do texto*:

> O texto tem necessidade de sua sombra: essa sombra é um *pouco* de ideologia, um *pouco* de representação, um *pouco* de sujeito: fantasmas, bolsos, rastros, nuvens necessárias: a subversão tem de produzir seu próprio *claro-escuro*.

Nesse claro-escuro se inscrevem nossas *Obras Incompletas*.

Ana Maria Portugal Saliba
Fabio Borges
Gilda Vaz Rodrigues
Organizadores da coleção.

Belo Horizonte, janeiro de 2006.

Prefácio
Lacan pela letra de Lacan

Conheci Jeferson Machado Pinto como professor da Universidade Federal de Minas Gerais. Pertencia ao grupo que fundou a área de Estudos Psicanalíticos no curso de Pós-graduação daquela instituição. Desde então criou-se uma ponte-aérea, Belo Horizonte-Rio de Janeiro, que foi muito mais freqüentada no sentido BH-Rio, uma vez que ele passou a ser um dos interlocutores externos mais freqüentes do Programa de Pós-graduação em Teoria Psicanalítica da UFRJ. Essa interlocução deixa traços bem nítidos, em particular, nas inúmeras teses e dissertações escritas no Programa. O acento dessa participação, eu ainda não percebia, fica claro no trabalho que agora se torna público. Sua formulação precisa acerca do lugar ocupado pela psicanálise perante a constituição da operação científica que a tornou possível, lhe dá as condições para arriscar a fazer para a psicanálise um lugar sempre novo, seja na universidade, seja na clínica.

Ao trazer a passagem de Freud, em que se depara com um Hans cuja descoberta principal é a de que "todo saber é um monte de retalhos e que cada passo à frente deixa um resto não resolvido", traça a linha que terá permitido a ele falar do seu caminho na análise. Não se trata, então, de uma linha reta marcada por dois pontos, definida pelo paradigma científico, mas de um trajeto que vai se fazendo de surpresas, voltas, rupturas – ato. E o momento de testemunhar esse denso trabalho é também aquele em que, sem encobri-los, enfrenta os paradoxos que insistem e remetem à exigência de ainda mais trabalho, com a psicanálise.

O caráter mais marcante de seu percurso está sem dúvida na leitura de "Lacan pela letra de Lacan", da qual justamente a psicanálise vem tendendo a se afastar. Em vez de se deixar tomar pela preocupação acadêmico-didática e mostrar a evolução de um conceito enumerando-lhe as etapas, o autor – analisante – procura deixar de lado o professor universitário e, recorrendo às sucessivas elaborações feitas por Lacan a cada tema, recupera a força germinativa das formulações iniciais para então seguir os seus desdobramentos.

É do mesmo lugar que não se poupa de examinar a relação da psicanálise com o sítio universitário. Enfatiza as diferenças nos discursos dominantes em cada um, mas além disso, de maneira muito original, mostra o que inesperadamente ali se instala: por ser uma instituição que privilegia o universal de modo quase absoluto, é ela mesma que, acolhendo a particularidade pessoal, permitirá um trabalho no qual os efeitos de sujeito estarão no horizonte e poderão vir a ser exercitados.

Com essa visada original também pontua de forma detalhada os meandros das dificuldades que rondam o diálogo da psicanálise com a psicologia. Demonstra como a última, apoiando-se no ideal cientificista, se assegura na ilusão de, através do acúmulo das relações quantitativas, adquirir recursos para produzir um saber científico, que ainda por cima seria garantido por sua verificabilidade. Nesse ponto, uma crítica contundente, que delimita de forma cortante os dois campos, se coloca. Trata-se, ao contrário para quem passa por uma análise de, "verificar na própria pele" que todo conceito traz em si o sujeito que surge de seu engendramento.

A ciência, portanto, apresenta-se como pano de fundo de toda a discussão que se desenrola ao longo dos textos. Não é por coincidência que um dos pontos altos do livro encontra-se no capítulo em que o desejo do analista serve de apoio para o exame do contingente, cujo aparecimento a partir da atividade científica é de imediato apreendido por ela numa escritura perante a qual todo desejo se subtrai. Diferentemente, "a operatividade da psicanálise se baseia em um modo especial de lidar com o contingente". Ainda que alguns pontos de contato possam ser considerados quando se trata do real da ciência e do real da psicanálise, a diferença radical persiste diante do desejo que nasce da inexistência de uma satisfação universal em que o objeto venha a homologar um pedido qualquer. É o momento em que é da responsabilidade do sujeito a "escolha forçada" que o singulariza. Encontramos então dois termos que, agora percebemos, sempre estiveram orientando o trajeto feito até aqui: o contingente e o singular. São duas figuras que permitem a suposição de que a mesma lógica que rege a relação da psicanálise com a ciência está presente na relação do gozo d'A mulher – um gozo que não se escreve todo – com outro, que, esse sim, traz sempre a promessa de ser todo escrito – o gozo fálico. É perante essa proporção que podemos nos aproximar do lugar onde Jeferson situa a psicanálise.

Ao constatar que muitas vezes "a psicanálise se tornou a máquina decifradora, apaixonada pela explicação, aprisionada pelo registro do necessário", acentua o valor do corte com um discurso que certamente "seria do *semblant*" – corte que virá estabelecer o real que interessa à psicanálise. Nesse ponto, reconhece em Lacan "um retorno möebiano à pulsão": a operação de deslocamento do *semblant* pelo confronto com o real da pulsão.

No entanto, é na frase que tem efeito de uma *boutade* que melhor se expressará o contingente implicado em tal operação: na psicanálise, "a experiência pode vir contra a prática do ofício". Não se trata de armazenar saber sobre como se faz, não se trata de aplicar conhecimento sobre o que se escuta, nem de ensinar o que se aprende. Fazer desejar e transmitir um tal fazer é impossível – a tensão gerada pelo confronto com o rochedo desse impossível é o que resta para a invenção de uma análise, de cada análise.

Anna Carolina Lo Bianco

Aviso ao leitor

Foi muito difícil decidir pela publicação desta coletânea. Os artigos sempre me pareceram muito datados, com a marca das demandas que me possibilitaram escrevê-los. E muitas delas surgiram a partir de circunstâncias ou vicissitudes específicas do movimento psicanalítico. No entanto, Gilda Vaz Rodrigues, Ana Maria Portugal Saliba e Fábio Borges me convenceram de que a publicação dos textos de um psicanalista sempre reflete a singularidade de sua formação, além do que tal percurso sempre pode produzir algum efeito de transmissão.

Assim, penso nesta coletânea mais como um *"work in progress"*, ou como um retrato parcial que caracteriza alguns impossíveis da formação do analista e sua constante transformação. Por isso escolhi artigos que pudessem pincelar um auto-retrato, mais segundo a lógica do que a letra pode imprimir em mim através da minha análise, e das de meus analisantes, do que a de alguma forma de representação acadêmica e/ou vinculação institucional. Eles podem ser lidos quase do mesmo modo que se lê um relato de ultrapassagem de alguns obstáculos, embora não contenham nem a pretensão nem a formalização necessárias para tanto. Tampouco pretendem alguma utopia do gozo, na qual significante e pulsão adquiririam compacidade e revelariam algo novo para o campo psicanalítico.

Mas, de qualquer forma, os textos procuram esboçar meu esforço em incidir sobre aquelas demandas muito mais com o que obtive em minha análise pessoal do que com as imposições da teoria. Dessa maneira, os textos escolhidos foram agrupados em duas seções, que refletem o modo como pude me servir da função paterna para lidar com os impasses emocionais em meu trajeto na psicanálise. Em uma reflexão *a posteriori*, pude constatar que A Ciência e A Mulher foram as nominações que sustentaram aquele percurso, demonstrando uma preocupação com os problemas do universal e do singular em psicanálise. A Ciência e A Mulher são, assim, nomes do pai que definem os eixos epistemológicos que sustentam tanto a práxis quanto a produção teórica aqui publicada.

Desse modo, esta coletânea contraria, em alguma medida, uma exortação de Lacan. Ele afirmou, certa feita, que era mais importante verificar de que o analista se serviu para fazer sua análise do que avaliar para que a análise serviu para ele. Somente assim a psicanálise poderia revigorar não apenas as ciências que lhe são conexas, mas todo um campo epistêmico. Certamente, esse auto-retrato está longe de se encaixar nessa audaciosa perspectiva proposta por Lacan, e reflete mais os campos para os quais fui pulsionalmente atraído, ainda que, muitas vezes, contra a vontade.

A coletânea, portanto, é mais uma pálida caracterização do que habita o corpo e que não é, senão, o próprio corpo, como disse Nietzsche em *"Assim falava Zaratustra"*. Ou seja, ela pretende apenas se constituir em um modo de compartilhar com os colegas um breve ajuste de contas com minhas paixões.

O autor

Parte I

Da psicologia à psicanálise
A Ciência como um nome do pai

A produção do conhecimento em psicanálise como *sinthome* do analista[1]

Este ensaio discute psicanaliticamente o modo de produção de saber em psicanálise, relacionando-a com a função de suplência que uma produção simbólica exerce na psicose, ao mesmo tempo que tece comparações com a psicologia que se pretende científica. Essa produção pode ser chamada, em termos lacanianos, de sinthome do analista, em distinção ao sintoma neurótico, por se referir à forma própria do campo psicanalítico de fazer efeitos no real. O discurso articulado a partir do objeto que causa o desejo define o fazer analítico de modo diferente daqueles especificados pelas ciências da manipulação, já que visa à singularidade do sujeito dividido pelo significante que o atravessa e o sustenta, enquanto a ciência pretende o controle e a replicação. O ensaio vê aquela condição como essencial para a produção do conhecimento em psicanálise e foi publicado originalmente na edição março/abril de 1990 da Ciência e Cultura, revista da Sociedade Brasileira para o Progresso da Ciência.

Na ocasião da publicação do artigo optamos pelo jargão universitário – produção do conhecimento –, visto nosso desejo de publicá-lo em uma revista da SBPC. Mas já éramos avisados da impropriedade do jargão, já que ele supõe a realização do sujeito no encontro harmônico com o mundo objetivado e o conseqüente controle desse mundo. A noção de real para a psicanálise não se confunde com a da realidade apreensível e impõe uma estratégia diferente daquela que supõe que causas e verdades estariam desde sempre à espera de ser desveladas.

[1] Para Célio Garcia e Lúcio Marzagão.

> É impossível suturar o sujeito da certeza com a verdade. Por isso é que a ciência é uma ideologia da supressão do sujeito (LACAN apud COTTET, 1984, p.470)

Em Psicanálise e teoria da libido, Freud define a psicanálise em suas especificidades: "é o nome de: a) um procedimento para a investigação de processos mentais que são inacessíveis por qualquer outro modo; b) um método (baseado nessa investigação) para o tratamento dos distúrbios neuróticos; c) uma coleção de informações psicológicas obtidas ao longo dessas linhas e que gradualmente se acumula numa nova disciplina científica" (FREUD, 1976, p. 285).

A ênfase na investigação é uma característica marcante do pensamento de Freud, mesmo naqueles artigos nos quais ele faz advertências sobre seu caráter especulativo e naqueles chamados culturais, usualmente (e erroneamente) considerados artigos de psicanálise aplicada. A expressão é do próprio Freud, mas ele a utiliza de modo preciso. Por exemplo, na Conferência XXXIV: "uma das primeiras aplicações da psicanálise consistiu em nos ensinar a compreender a oposição que os nossos contemporâneos nos movem pelo fato de exercermos a psicanálise. Outras aplicações de natureza objetiva podem reivindicar um interesse mais geral. Nosso primeiro propósito, naturalmente, foi o de compreender os distúrbios da mente humana, porque uma notável experiência mostrara (refere-se aqui ao caso Anna O.) que aqui (em psicanálise) a compreensão e a cura quase coincidem, que existe reciprocidade entre uma e outra" (FREUD, 1976, p. 177). É certo que podem fazer restrições a essa maneira de formular o campo da psicanálise, mas está claro, assim mesmo, que a cura se dá a partir do que o cliente traz para análise. A metalinguagem não existe em relação ao saber inconsciente, tendo-se, então, que adotar uma postura de pesquisa característica deste campo. É exatamente sobre esse aspecto que quero chamar a atenção: o que Freud chama de aplicação é o exercício do próprio processo de análise, isto é, a própria investigação dos fatores em jogo na constituição de um sintoma, seja ele trazido por um paciente seja uma reação à psicanálise. Na continuidade do artigo, ele confirma a postura ao afirmar que "as aplicações da psicanálise são sempre confirmações dela" (FREUD, 1976, p. 178).

Considero que Lacan revitalizou a perspectiva freudiana de pesquisa quando denunciou a imaginarização que impregnava os conceitos e propôs uma construção precisa da psicanálise como condição para a sustentação de sua práxis: reafirmar o objeto reinventando a investigação, o método de cura e a teoria.

A idéia bastante difundida de aplicação envolve a de um domínio conceitual anterior ao uso. Dessa forma, o conceito apreendendo o mundo das coisas daria poder instrumental àquele que dele fizesse uso. Além disso, a idéia envolve a suposição de que qualquer caso singular é definido por um universal que, segundo a citação feita por Miller (1987, p. 65), é o que define a empresa ciceroniana de "fechar o punho", "compreender" e exercer, pois, domínio sobre o real. Fechar o punho e capturar o real seria um objetivo da ciência, articulado pelo *discurso do mestre*. Essa "compreensão do real", que é a antítese da interpretação no discurso analítico, se levada por aplicação a uma demanda, vai desvanecer o singular do sujeito no domínio pelo universal, transformando-o em objeto da ciência. O domínio do real é, pois, uma questão do discurso do conhecimento científico, da construção de uma língua em que tudo é expresso sem equívocos. E exatamente como tal, como compreensão, tal domínio é pretendido pela psicologia e questionado pela práxis psicanalítica, porque o empreendimento visaria tornar o que o analisante fala homólogo à língua formalizada sobre o objeto. O que se coloca para a psicanálise é então bem diferente: Como preservar o sujeito em sua singularidade e, ao mesmo tempo, construir uma ciência do real que possa ser transmitida sem equívocos?

Desse modo, classificar como psicanálise aplicada a investigação conduzida por Freud, ao problematizar a origem do sujeito em sua indagação sobre a origem da cultura e a coerção das pulsões, é olhar a psicanálise sob a ótica de um positivismo ingênuo. Freud, ao mesmo tempo em que analisava a moral sexual civilizada, por exemplo, demonstrava a estruturação simbólica da sexualidade humana. Em "Totem e tabu", elaborava a questão do pai na análise de questões clínicas decorrentes: não se trata, pois, de um trabalho de aplicação da psicanálise à cultura. É uma interrogação em direção a um objeto. Além disso, Freud construía um discurso que lhe possibilitava produzir efeitos no real diferentes daqueles produzidos como médico (COTTET, 1984). Método de cura, procedimento de investigação e objeto de conhecimento (o inconsciente como hipótese, não como um objeto empírico) foram se constituindo numa dialética intrínseca ao trabalho de Freud com as histéricas (LORENZER, 1976). Estas, na medida em que atendiam ao desejo de Freud, foram-no ensinando a deslocar o cientificismo de sua postura (que fazia valer a linguagem da sua ciência) e incluir a questão da subjetividade na cura.

O objeto foi, então, sendo construído por Freud a partir do método, ao mesmo tempo que sua construção – a do objeto – denunciava a impossibilidade de domínio pelo método. Do Freud médico até a explicitação da transferência, passando pelo hipnotismo e pela sugestão, há várias escansões que permitem ver o antagonismo da disciplina e o modelo de ciência perseguido, por exemplo, no artigo de 1905, "Tratamento psíquico ou mental": "se fosse possível encontrar um meio... (onde o grau de hipnose fosse total) as idiossincrasias teriam sido eliminadas e o ideal do tratamento mental teria sido alcançado. Mas este progresso ainda não foi feito" (FREUD, 1976, p. 314).

Sua pesquisa desde o Projeto acabou, ao contrário, por questionar o ideal científico do paradigma que prevê a possibilidade de formalizar o real a partir do domínio crescente do um que articularia todos os fenômenos que se apresentassem para aplicação da psicanálise.

Em todo o percurso de Freud, vemos como ele se encontra com um objeto que falta e como esse encontro reiteradamente lhe era proposto em cada caso, no singular mesmo de sua experiência clínica. Cada paciente falava a Freud em sua língua natural e delimitava sua questão no campo da linguagem. Cada caso começava do zero e não do universal que estava sendo descrito, e era ali, no campo do singular, que a cura se processava. Por mais que desenvolvesse teorias sexuais, constatava, como podemos enunciar hoje, que o significante não tem uma relação unívoca com o significado. Não é possível definir um significante porque são necessários pelo menos dois para que haja uma diferença, o que torna impossível evitar o equívoco.

Daí fazer aplicação da teoria é, dizendo com muita benevolência, um recurso imaginário, já que o significante não traz o todo da inserção do sujeito no simbólico, mas o representa para outro significante. Na pior das hipóteses trata-se de dominação ideológica por um discurso instituído. A inexistência da possibilidade de um domínio pleno do real trazida pela psicanálise revela o mal-estar: não há harmonia entre desejo e objeto. Este é de outra ordem e não está incluído na possibilidade de ser capturado pela língua. Há uma cisão entre saber e verdade que pode manter no máximo uma relação paradoxal, já que a cadeia de significantes não é homóloga a um lugar onde as palavras tropeçam.

Cottet (1984) demonstra os recuos de Freud ante suas próprias formulações ("Freud nem sempre foi freudiano") e Lacan nos fez ver a resistência em termos daquele que sustenta o discurso do encontro faltoso (e não do paciente em análise). A pesquisa de Freud lhe mostrava os limites do seu saber: o cotidiano da clínica e o horror ao ato analítico. Resiste-se ao saber inconsciente.

A psicologia obviamente não reconhece o saber inconsciente, a divisão do sujeito, e mantém-se presa ao gozo do ideal de totalização. Pressupõe que existe o conjunto dos objetos, unificado e passível de ser descrito por uma língua formal que abarcaria o conjunto em sua plenitude. A partir desse pressuposto, a psicologia mantém a ilusão do bem-estar, do dizer bem, já que adota a postura de que o objeto e sua possibilidade de compreensão são inteiramente compatíveis.

Skinner, por exemplo, um crítico contundente das práticas psicológicas, propõe uma nova maneira de abordar, em psicologia, a questão da cultura: "todas as objeções ao planejamento cultural, como a própria possibilidade de planejar, são formas de comportamento humano e podem ser estudadas como tais. É possível que uma abordagem plausível do planejamento de culturas aliviará nossas ansiedades tradicionais e preparará o caminho para o uso efetivo da inteligência do homem na construção do seu próprio futuro. É razoável esperar que uma análise científica explicará satisfatoriamente algum dia como as práticas culturais surgem, como são transmitidas e como afetam aqueles que se engajam nelas..." "Mudar uma cultura é, em si mesmo, uma prática cultural, e devemos conhecer esse comportamento tanto quanto possível para questioná-lo inteligentemente" (SKINNER, 1961, p. 36). A cultura é vista então, empiricamente, como um ambiente que mantém e é mantido por práticas comportamentais passíveis de ser alteradas a partir de uma análise científica das contingências que as mantêm. Isso vale também para o comportamento de duvidar ou não dessa possibilidade, já que, para Skinner, "o homem que pensa é o homem que se comporta". O objeto seria, então, invariante e passível de descrição a partir do acúmulo de fatos sobre ele, objetivamente transmissíveis.

A especificidade da psicanálise impõe uma abordagem completamente diferente. Lacan (1984) mostra todo o campo da psicanálise ao dizer que "não existe comportamento humano", porque isso implicaria negar o próprio efeito do simbólico na constituição do sujeito. Há ato do simbólico. Para ele, o behaviorismo e todas as ciências humanas não são capazes de lidar com o que traz o inconsciente: "o inconsciente, é que o ser, falando, goze e não queira saber de mais nada" (LACAN, 1982, p. 143), e acrescenta que não há desejo de saber. Por mais contundentes que sejam as críticas feitas a partir da própria psicologia, como a behaviorista, por exemplo, Lacan afirma que "(o behaviorismo) não se distinguiu por nenhuma reviravolta da ética", e mantém a postura de que "o ser pensa", que o "pensado é feito à imagem do pensamento" (LACAN, 1982, p. 144), quando, a partir de Freud, o ser se define onde ele não pensa. A psicologia nega o efeito do significante na constituição do sujeito, ao classificar os comportamentos de verbais e não-verbais, e ao indicar realidades extradiscursivas. Lacan, ao apontar a divisão do sujeito que o separa de sua verdade como sendo efeito do significante, radicaliza a dimensão desse efeito, ao cunhar a expressão *parlêtre*, definindo-o como ponto de articulação significante entre o desejo e a língua. "Os homens, as mulheres e as crianças não são mais do que significantes" (LACAN, 1982, p. 46).

A psicanálise, então, tem o dever ético de apontar o impossível: é uma práxis sustentada para lidar com o não-querer-saber, com o isso-que-goza-ao-falar. E, então, é possível construir e transmitir uma ciência articulada por um discurso que, de partida, reconhece a forclusão, o real da língua que resiste à formalização e que constantemente produz efeitos críticos neste discurso que o sustenta?

Pode-se resistir ao mal-estar pela psicologização, na qual se espera que o saber represente o sujeito, apelando-se para a plenitude do discurso universitário. Miller afirma: "Simular saber, fazer a simulação do saber, é esta a impostura em que se apóia o discurso da universidade. E se compreende porque, por isso, o analista, mais que qualquer outro, está sujeito a aspirar a ele, me atrevo a dizê-lo, desesperadamente" (MILLER, 1987, p. 63). Lacan chega a dizer que "a este discurso não podemos senão nos prender cada vez mais, mesmo que seja acima de tudo para amaldiçoá-lo" (LACAN, 1979, p. 21).

Faz-se um discurso sintomático que denega o que se vai transmitir, já que na universidade o saber (S_2) ocupa o lugar de agente, de acordo com a formulação lacaniana dos quatro discursos: da universidade, do mestre, da histérica e do analista. Nessa formulação, Lacan articula quatro elementos – a, S1, S2 e $\cancel{S}$ – que podem ocupar quatro lugares:

o agente	o outro	a – mais-gozar ou resto, falha
a verdade	o produto	S1 – significante mestre
		S2 – saber
		$\cancel{S}$ – sujeito indizível

Dependendo da organização, podemos interpretar as quatro formas de discurso mencionadas. No discurso da universidade, os elementos estão assim distribuídos:

$$\frac{S2}{S1} \quad \frac{a}{\cancel{S}} \quad \text{– discurso da universidade}$$

Apesar de ser o único discurso que tem o $\cancel{S}$ no lugar da produção, este, o sujeito, é impotente para produzir um saber a partir do que governa sua subjetividade. Todos ali estão em situação idêntica.

A avidez pelo discurso da universidade nega a própria psicanálise, já que o discurso instituído passa a governar a ação do pretenso psicanalista, da mesma forma que o "discurso do mestre formula o sentido do conhecimento como domínio do real" (MILLER, 1987, p. 65).

$$\frac{S1}{\cancel{S}} \text{ impossibilidade } \frac{S2}{a} \quad \text{— discurso do mestre}$$

Aí já estaríamos no que chamamos no início de campo da "aplicação", e não no campo da investigação, que conduz a uma subversão subjetiva, estratégia constante para que o sujeito fale a partir do objeto que causa o desejo.

Deparamo-nos com uma armadilha poderosa, porque uma "escola é uma empresa de domínio" (Miller fala *L'école* [MILLER, 1987, p. 73]), porque trata mesmo de realizar sua função de desnaturalizar a alíngua, transformando-a de língua materna de cada um em uma língua do mestre, que não é a do parlêtre. Partindo-se do discurso instituído, resiste-se ao saber inconsciente, impedindo-se a investigação da história singular do *parlêtre* que o conduziria ao sem sentido, à inexistência de um significante que definisse o seu desejo, e à precipitação do objeto a. O discurso instituído procura ser o mestre do significante, procura impor uma língua ao falante, esquecendo-se de que "há muito mais coisas na alíngua do que aquilo que a linguagem sabe sobre ela".

A sustentação da possibilidade de construção e de transmissão de uma ciência que visa ao singular só pode se dar a partir da transferência, porque esse é o método inerente ao que se articula a partir do discurso psicanalítico.

$$\frac{a}{S1} \quad \frac{\underline{\slash{S}}}{\text{impossibilidade} \quad S2} \text{— discurso do analista}$$

Entretanto, a avidez de domínio se estende também à transferência. Isso pode ser visto em teorizações que buscam concretizá-la em termos de relações interpessoais e nas questões ansiosas colocadas por quem exerce o ofício: Estou fazendo o que a teoria especifica? (o que reflete a colocação do sujeito como especificado, como objeto definido de um conjunto total e, portanto, sujeito da manipulação). Tal intervenção é analítica? Pode-se defini-la como manejo de transferência? Como operacionalizar a teoria no fazer do analista?

Da mesma forma que o objeto, a transferência não dá nenhuma garantia para o analista. "O sentido do saber está todo aí, que a dificuldade de seu exercício é aquilo mesmo que realça a (dificuldade) de sua aquisição. É aquilo que se repete a cada exercício dessa aquisição, que não importa qual dessas repetições deve ser posta como primeira no seu aprendido" (LACAN, 1982, p. 129). Não é possível, portanto, instituir-se um currículo mínimo.

A verdade, embora nunca apreendida, não se encontra fora da linguagem de um discurso operado para alcançá-la; aliás, é a própria linguagem que faz aparecer a impossibilidade de dizê-la: a dimensão da verdade é a diz-mansão (a mansão do dito) "desse dito cujo saber põe o Outro como lugar" (LACAN, 1982, p. 130). E é até ao meio-dizer que a transferência transporta tanto o analisante como quem interroga na produção analítica. A angústia do encontro com o real exige a produção de significantes, e isso é inerente ao avanço da psicanálise através do eterno retorno à diz-mansão, a um não cessar de não se escrever, porque é a ética da psicanálise descrever o impossível de ser dito.

O analisante passa, então, do trabalho de transferência que precipita um mais-gozar, à transferência de trabalho que sustenta o discurso do analista. Quem não tiver construído seus fantasmas por esse trabalho exerce uma investigação sustentada por um discurso que não é o do analista e se manifesta por um discurso sintomático em relação à verdade do sujeito. Porém, Lacan afirmou que o mínimo que se espera do analista é que se manifeste por um discurso assintomático, e ensinou que, apesar de não podermos sair do discurso para capturá-lo com ele mesmo – é preciso manter o paradoxo –, pode-se ensiná-lo a partir da "técnica que leva em conta que a verdade nunca se diz senão pela metade" (LACAN, 1979, p. 18). Um discurso que tentasse transmitir a verdade identificada a um saber traria em si o sintoma que procura livrar esse discurso da sua verdade. Esse é o mesmo sintoma da demanda de análise que se refere a um sujeito-suposto-saber, um sintoma-metáfora que se precipita diante da impossibilidade de capturar a verdade. Deslocando-se esse sintoma e construindo-se o fantasma que o sustenta, fica, para o analista, a possibilidade de produzir a partir do que resta, do objeto a, do próprio estilo de perguntar, que talvez possamos chamar de *sinthome* do analista, por analogia com a função de suplência na psicose (LAURENT, 1984).

A comunidade acadêmica resiste à psicanálise, ou melhor, é ambígua em relação a ela. Apaixonada por sua radicalidade, despreza-a pela sua subversão. É como se a psicanálise estivesse na posição histérica que ao mesmo tempo questiona o que está instituído e acena com a possibilidade de indicar o lugar da verdade. Fato é que aquela ciência inicial, que procurava ser reconhecida pelo paradigma oficial da época de Freud, começa agora a ser identificada "a uma nova possibilidade de pensar o real, onde a busca de leis gerais cede lugar a uma análise local, provisória, surpreendente" (GUIMARÃES, 1987).

Referências

COTTET, S. *Freud y el deseo del psicoanalista*. Buenos Aires: Editorial Hacia el Tercer Encuentro del Campo Freudiano, 1984.

FREUD, S. Novas conferências introdutórias sobre psicanálise. In: *Edição Standart Brasileira das Obras Completas de Sigmund Freud*, vol. XXII. Rio de Janeiro: Imago Editora, 1976.

FREUD, S. Psicanálise e teoria da libido. In: *Edição Standart das Obras Completas de Sigmund Freud*, vol. XVIII. Rio de Janeiro: Imago Editora, 1976.

FREUD, S. Tratamento psíquico (ou mental). In: *Edição Standart das Obras Completas de Sigmund Freud*, vol. VII. Rio de Janeiro: Imago Editora, 1976.

GUIMARÃES, L M. C. A autonomia, a ciência e o social. In: GARCIA, C.; PAULA E SILVA, E. M.; VAZ, N. (Orgs.). *Um novo paradigma em ciências humanas, física e biologia*. Belo Horizonte: Ed. UFMG/PROED, 1987.

LACAN, J. Función y campo de la palabra y del lenguage en psicoanálisis. In: LACAN, J. *Escritos*. Tomo 1. México: Siglo Veintiuno S.A., 1984.

LACAN, J. *O seminário. Livro 20: Mais, ainda*. Rio de Janeiro: Jorge Zahar Editores, 1982.

LACAN, J. Prefácio de Anika Lemaire. *Jacques Lacan – uma introdução*. Rio de Janeiro: Editora Campus, 1979.

LACAN, J. Proposición del 9 de octobre de 1967. Ornicar? In: COTTET, Serge. *Freud y el deseo del psicoanalista*. Buenos Aires: Editorial Hacia el Tercer Encuentro del Campo Freudiano, 1984. p. 11-30.

LAURENT, E. Goce el síntoma. In: LAURENT, E. *Concepciones de la cura en psicoanálisis*. Buenos Aires: Ediciones Manantial SRL, 1984.

LORENZER, A. *Sobre el objeto del psicoanálisis: lenguage e interacción*. Buenos Aires: Amorrortu Editores, 1976.

MILLER, J-A. Teoria da la lengua. In: *Matemas 1*. Buenos Aires: Ediciones Manantial, 1987.

SKINNER, B. F. The design of cultures. In: SKINNER, B. F. *Cummulative record*. Nova York: Appleton-CenturyCrofts, 1961.

Psicologia e psicanálise:
dois discursos diferentes[1]

Este trabalho foi apresentado no Seminário Filosofia e Ciências Humanas, em 6/6/1986, na FAFICH–UFMG, depois de uma ingênua tentativa de criar um Departamento de Psicanálise na UFMG, nos moldes de Vincennes. Na época, nós, os professores, não levamos em consideração as óbvias diferenças das condições políticas da psicanálise naqueles dois contextos, e apesar de alertados, insistimos em uma saída institucional. O artigo é, assim, uma justificativa, em termos mais acadêmicos, para a decisão empreendida.

A exposição procurou, então, desenvolver o argumento de que a psicologia e a psicanálise têm pressupostos, objeto e método diferentes, caracterizando-se como discursos que produzem efeitos típicos. Argumentou-se que a psicologia pode ser caracterizada por um discurso universal, cujo saber pretende o domínio do objeto pela linguagem da ciência. Já a psicanálise se constituiu como um discurso que visa à sustenção do singular, ao pretender a produção de um objeto a partir da fala do sujeito e através da inscrição da falta no simbólico.

A princípio, gostaria de antecipar que limitarei minha exposição a alguns apontamentos que procuram situar os campos da psicologia e da psicanálise. Ao pensar a respeito do que poderia falar aqui, fiquei com a impressão de que as idéias que me ocorreram já foram repetidas muitas vezes. Entretanto, a experiência vivida por mim e alguns colegas, quando tentamos fundar na FAFICH–UFMG um Departamento de Psicanálise, demonstrou que essas idéias precisam ser novamente apresentadas.

[1] Para Ana Cecília Carvalho, Eduardo Gontijo, Lúcia Marzagão e Riva Schwartzman.

Ao escolher, então, como tema, a polêmica psicologia/psicanálise, pretendo reabrir uma questão e demarcar algumas diferenças, para que as relações sujeito-objeto que caracterizam esses dois campos apareçam com maior nitidez. Penso valer a pena falar sobre o óbvio, a fim de que a radicalidade de algumas questões possa ser novamente explicitada, já que parece penoso manter essas questões em aberto. É provável que o aberto aponte para implicações diante das quais há uma grande resistência.

A história da psicologia demonstra uma escolha pela tradição empirista de produção de conhecimentos. Depois que Fechner teve um "sério e prolongado esgotamento nervoso" em 1850 (KELLER, 1970, p. 21), ele se tornou ativamente interessado na questão das relações corpo-mente e pretendeu atacá-la pelo método experimental. Como médico, físico e matemático, ele se propôs a realizar estudos quantitativos entre sensações e os estímulos do mundo externo. Desenvolveu fórmulas para demonstrar que alguns aspectos mentais podiam ser relacionados de maneira exata a algo físico.

A partir disso, a atenção de muitas pessoas voltou-se para os observáveis, para o estabelecimento de relações quantitativas entre as variáveis do ambiente e os seus efeitos sobre os organismos vivos. A experimentação, a reprodução do fenômeno psicológico individual ou de grupo em situações controladas passou a ser o grande objetivo a ser alcançado.

Assim, a objetividade tomou o lugar da subjetividade como campo de preocupações do psicólogo. O argumento constantemente utilizado é que discussões em torno da subjetividade tomam rumos filosóficos e, freqüentemente, estratosféricos. Ouve-se ainda o argumento segundo o qual há uma demanda social da psicologia e que os psicólogos devem ter as respostas prontas, as soluções para os problemas de trabalho, escolas etc.

Para alcançar essas soluções adotou-se a crença de que era necessário especificar os efeitos de situações estimuladoras sobre o indivíduo, avaliar os seus efeitos e construir técnicas de manejo dos estímulos para que o resultado pudesse ser previsto.

Supunha-se que, um dia, após o acúmulo de tantas relações quantitativas, a psicologia poderia falar sobre o sujeito. Para isso exigia-se que o objeto fosse claramente especificável e manipulável para que a psicologia pudesse produzir uma tecnologia semelhante às ciências naturais.

Hugh Lacey, filósofo americano, aponta três posições behavioristas predominantes na psicologia hoje (LACEY, 1973):

1. O behaviorismo filosófico, que afirma não existir dois tipos de fenômenos (mentais e não-mentais), entre os quais o comportamento representa o mental. Simplesmente existe o comportamento. Kantor defende uma idéia maior: a de que toda ciência está interessada em comportamento: dos átomos, dos elétrons, do nervo óptico, do estômago e, em nível mais molar, dos seres vivos.

2. O behaviorismo metodológico, que nada pressupõe sobre a natureza dos fenômenos mentais ou sobre a linguagem. Somente diz que o ponto de partida é a observação do comportamento, que seria o indicador, uma medida para as construções teóricas que estariam sob investigações, sejam elas relativas à fome, à sede, a uma emoção, a um estado subjetivo, a uma memória, ou a dados em si mesmos não observáveis para quantificação. Aqui incluo grande parte da produção em psicologia, inclusive a desenvolvida por autores que não se denominam behavioristas, mas que trabalham com controle de variáveis, análises estatísticas etc; além do campo da pesquisa caracterizado pelo uso da definição operacional: não há exclusão de termos subjetivos, porém, eles referem-se a uma linguagem que permita a quantificação.

3. O terceiro tipo seria o behaviorismo radical. Esta concepção prescinde de tais construções ou ficções mentais, nas palavras de Skinner (1961), e deriva suas hipóteses das relações matemáticas entre variáveis experimentalmente manipuladas. A posição de Skinner não é oferecer respostas prontas, mas buscá-las na análise das contingências, pois o seu manejo controlará o objeto: o comportamento.

Evidentemente, essas maneiras de trabalhar contêm uma interpretação do mundo com toda a sua carga ideológica. Mas o observador-sujeito que faz essa interpretação não está sob a análise nem sua interpretação: interessa apenas objetivar os dados que ele produz com uma técnica cada vez mais sofisticada, de modo a permitir a verificação e a replicação. Para tanto, o pressuposto é de que o sujeito deve ser excluído – eliminar as "deformações" da linguagem – e mais, o objeto deve permanecer como invariável e visto como a-histórico, como um movimento físico sujeito a leis. Uma relação sujeito-objeto tão ascética, baseada na forclusão, é, assim, construída para buscar as leis que regem o comportamento do homem. A pretensão é que o mundo seja planejado em função dos próprios achados da psicologia; é construir uma sociedade baseada em pretensas descobertas científicas, isentas de subjetividade.

Para isso fazem-se experimentos, testes projetivos, situações simuladoras de conflitos e suas soluções, aprimoram-se técnicas terapêuticas e aumentam-se as preocupações com cura, mudanças pessoais, planejamentos curriculares, relações professor-aluno, terapeuta-cliente etc. Enfim, toda a idéia de que uma ciência assim construída resolverá os problemas da humanidade.

O que quero enfatizar é que o behaviorismo caracteriza uma "atitude epistemológica" em psicologia (se é que existe a possibilidade de enunciar tal expressão). Essa perspectiva tem permeado grande parte do trabalho dos psicólogos, mesmo daqueles que se identificam como desenvolvimentistas, humanistas, e até como psicanalistas (equivocadamente, penso), como veremos depois. O que fica transparente é a crença em um sujeito claramente consciente de um domínio técnico que possibilite a ele as mudanças no objeto.

Freud também começou procurando uma técnica que revelasse os segredos da histérica, mas suas formulações sobre o inconsciente trouxeram um questionamento sem precedentes para a concepção de homem e, diretamente, para a própria concepção de relação sujeito-objeto.

No início dos estudos sobre a sexualidade, Freud formula o conceito de pulsão – limite entre o somático e o psíquico – para designar o que se origina no instinto biológico mas que não se reduz a ele. Ao eliminar a redução ao biológico, Freud retira o objeto de seu estatuto invariante, algo pré-fixado, buscado por um instinto sexual que visa satisfazer necessidades. A pulsão tem, então, um estatuto diferente do instinto; tem sua finalidade independentemente do objeto. O objetivo é a satisfação, a eliminação da tensão do aparelho psíquico, e o objeto tornou-se contingente. A satisfação de um impulso fantasmático ativado pela inscrição de uma experiência de satisfação original gravada nos traços mnêmicos nunca mais se realizará. E é para esse objeto – inalcançável – que se dirige o desejo.

Freud, então, ao formular o inconsciente, mostra a divisão do sujeito e a busca do objeto fantasmático, ou seja, mostra que o encontro do sujeito com o objeto é mera ilusão, que o desejo não indica o objeto, mas aponta a falta para sempre inscrita na origem do sujeito.

Essa é uma situação de angústia, e penso que há um constante movimento para encobri-la. De certo modo, Freud previu as resistências a uma articulação do inconsciente e chegou a dizer em uma carta a Binswanger que "não havia nada para que o homem estivesse menos preparado do que para a psicanálise". Diversos movimentos teóricos posteriores mostram um ocultamento da força das formulações freudianas – uma tentativa de disfarçar a radicalidade das suas descobertas.

Essa especificidade da psicanálise, de sua concepção de homem, de seu objeto e da sua forma de produção de conhecimentos é difícil de ser trabalhada e apreendida no que ela tem de mais radical – radical no sentido do que está na raiz, na sua marca de origem.

Darei alguns exemplos para tentar tornar mais clara essa especificidade que a psicanálise exige como disciplina.

Freqüentemente vemos as tentativas de diminuir o impacto causado pelo conceito de inconsciente através de manobras até certo ponto grosseiras. Por exemplo, colocá-lo de forma negativa – como não consciência –, como um apêndice obscuro da consciência, enfim, como algo que escapa ao controle, mas que poderia ser dominado por uma terapia. Após alguns anos de análise, o sujeito seria apenas consciência, a divisão seria recomposta e o aparelho psíquico seria reduzido a um sistema único. Muitos psicólogos que se dizem analistas pensam assim e acham que podem fazer interpretações baseadas nos próprios sentimentos, porque sua emocionalidade foi supostamente purificada na análise.

Outros, e isso é muito comum entre a grande maioria dos psicanalistas, incorporam a teoria mecanicamente e trabalham cognitivamente. Supõem que a posse de uma construção teórica universal os capacitam a traduzir o discurso manifesto proferido pelo analisando por um conteúdo latente que só os psicanalistas conhecem. Trabalham, assim, centrados na consciência (mesmo "sabendo" serem eles sujeitos divididos), na interpretação do inconsciente do outro. Assim, repetem que a análise é emancipadora, que ela se propõe a tornar o indivíduo livre de suas repressões (o que já é uma idealização), e não percebem que, trabalhando assim, traduzindo as palavras do analisando, estão repondo a mesma situação de repressão, de domínio do objeto. Como disse Leclaire, a postura psicológica do "fala-me porque eu sei o que dizes" é idêntica à caracterizada pelo "cala-te porque não sabes o que dizes" (LECLAIRE, 1977, p. 77).

Freud rompe decididamente com a exterioridade do sujeito em relação ao objeto, modelo perseguido como exemplar para a ciência psicológica. A partir do momento que a palavra passa a ser do analisando e o analista retira da cena seu pretenso poderio técnico, funda-se uma nova escuta e um novo discurso que produz efeitos específicos no real. O analista deve ouvir o que não está dito (na própria fala que está sendo proferida), ouvir a transferência que está articulada na linguagem flutuantemente: ele diz, mas sem a presença da consciência. A análise se realiza, assim, a partir do que o conceito de inconsciente estrutura, isto é, com a anulação radical daquilo que é concretizado na consciência.

E aí ele indica a forma de pesquisa inerente à psicanálise. Uma forma de produção de conhecimentos que precisa levar em conta a sua característica como disciplina montada em pressupostos completamente diferentes da psicologia.

Ao demonstrar suas concepções sobre análise dos sonhos, Freud faz o seguinte convite ao leitor, no preâmbulo do sonho de Irma: "agora devo pedir ao leitor que faça dos meus interesses os seus próprios por um período bastante longo... porquanto uma transferência dessa natureza é peremptoriamente exigida pelo interesse no significado dos sonhos" (FREUD, 1969, p. 113). Ele já sugere aqui um caminho – o da transferência ao relato –, ou como sugeriu Lacan no prefácio dos Escritos – a única saída é a entrada –, para que se façam as elaborações necessárias aos avanços da psicanálise.

O movimento da produção científica da psicanálise só pode ser intrínseco a partir da idéia de inconsciente, não através da objetivação, da verificação por critérios exteriores, importados dos pressupostos da consciência. O analista (que ouve seu cliente) não trabalha com a verdade fática, definida pela observação, mas com a verdade histórica que revela o singular daquele indivíduo que fala; com os acontecimentos produzidos inesperadamente pela associação livre, ao resvalar o real do sujeito. Como decorrência da própria idéia de inconsciente como sistema (autônomo) psíquico originário do recalque que, ao se constituir, faz cair alguma coisa que se torna irremediavelmente perdida para o sujeito, marca-se outra especificidade em relação à psicologia: a de que não existem falas apropriadas e inapropriadas. As terapias ancoradas na psicologia supõem uma realidade empírica que serve de referente para linguagem. Fora desse campo estariam os sintomas-algo que precisariam ser colocados sob a primazia de uma realidade. Sob essa ótica, para a psicanálise, **todas** as palavras seriam sintomas e trazem explicitamente a articulação do inconsciente, sendo ditas na busca do objeto perdido. E é aí que o analista se coloca (se é que ele tem lugar): como semblante do objeto ausente (como significante), não como o sujeito consciente a produzir as mudanças no analisando. Ou seja, "só há relação sob um fundo de não relação" (GARCIA, 1984), e não através da reificação do objeto. A construção de um discurso teórico com essas características produz efeitos completamente distintos daqueles do discurso da psicologia e da medicina, e é isso que deve ser pesquisado.

Relembro aqui essas implicações decorrentes da introdução do conceito de inconsciente no pensamento contemporâneo porque elas são facilmente esquecidas. E esse esquecimento tem alguma coisa do real. A ideologia aparece caracterizada na forma de um movimento contínuo de reposição, de encobrir a falta com um suposto objeto a ser apropriado.

Além desses equívocos feitos em nome da psicanálise, reduzindo-a a uma teoria da personalidade ou a uma técnica terapêutica, surgiram outros mais sofisticados e que acabam caindo na mesma cilada, isto é, a de anular a radicalidade das implicações das formulações freudianas através de uma psicologização. Entre estas eu incluo os trabalhos dos freudo-marxistas, que evitaram as tensões entre as teorias, acasalando-as. Uns adocicaram o marxismo e perderam a psicanálise de vista, como Erich Fromm, por exemplo. Outros fizeram uma leitura mecanicista da psicanálise e, ainda por cima, reduziram as questões sociais a uma dinâmica biológica, como é o caso de Reich.

Um modelo sofisticado é o de Alfred Lorenzer, psicanalista alemão vinculado ao grupo de Frankfurt da Teoria Crítica. Ele parte do fato de que o sofrimento do indivíduo traz as contradições da sociedade e que a história revelada não é apenas de um, mas a manifestação de uma sociedade burguesa que fratura a linguagem e mecaniza os homens.

Para não perder a perspectiva materialista, ele busca a situação concreta dos indivíduos e a dialética de suas interações. Nessa concretização da interação o sujeito iria se acomodando e estabelecendo em cada um a cultura representada pelos comportamentos instalados. A linguagem vem em seguida, nomeando as interações de maneira distorcida (ou não), dependendo das fraturas emocionais do nomeador produzidas pela ideologia. A psicanálise não seria então uma ciência burguesa, pois a ela caberia reconstruir a linguagem fraturada e/ou incompatível com o jogo de interações (LORENZER, 1977).

Note-se que o modelo é sedutor em suas propostas e possibilita uma grande linha de pesquisas em psicologia social, mas também descaracteriza a psicanálise, reificando o objeto do sujeito. Lorenzer teve até que alterar o objeto da psicanálise, sugerindo a interação e a linguagem (LORENZER, 1976). Perdeu-se a especificação do inconsciente, anulou-se o objeto fantasmático do desejo que se desloca nas palavras do sujeito, e a transferência tornou-se uma questão inter-pessoal. Ao contrário, o espaço inter-subjetivo demarcado pela psicanálise é aquele possibilitado pela falta: um sujeito se reconhece no outro porque ambos podem apontar para o objeto perdido (LACAN, 1985). Outra vez, é nessa ausência pontuada pela castração que fica a possibilidade de relação, não no condicionamento de uma interação objetiva.

A psicanálise tem, então, que evitar as tentativas de correções, sejam as provindas das ciências empíricas, sejam as do marxismo. O seu espaço é o da polêmica com outras disciplinas da manutenção da tensão gerada entre elas, não pela fusão de linguagens fundadas de maneiras tão distintas. O seu objeto determina o seu método e este, por sua vez, reafirma o objeto dialeticamente.

Com sua proposta é evidente que surgem muitos problemas. A visão de homem não é mais a mesma e sua ciência tem um complicador a mais com a constatação de que um ego livre de conflitos que produz a auto-reflexão não passa de ilusão (PRADO JÚNIOR, 1980). Porém, é a filosofia que pode possibilitar a criação de modelos ou de paradigmas que dêem conta do objeto da psicanálise e de suas relações com outros campos científicos.

Referências

FREUD, S. A interpretação dos sonhos (parte II). *Edição Standart Brasileira das Obras Psicológicas Completas de Sigmund Freud*. Rio de Janeiro: lmago Editora Ltda., vol. IV, 1977.

GARCIA, C. A questão de identidade como objeto da psicanálise. In: *Teoria da Prática Psicanalítica*, 1984, 3, p. 110-127.

KELLER, F. S. *A definição da psicologia*. São Paulo: Editora Herder, 1970.

LACAN, J. A análise objetivada. *O Seminário II: O eu na teoria de Freud na técnica de psicanálise*. Rio de Janeiro: Jorge Zahar Editor, 1985.

LACEY, H. *Filosofia da psicologia*. Apostila mimeografada. São Paulo: Programa de Pós-Graduação do Instituto de Psicologia da USP, 1973.

LECLAIRE, S. *Mata-se uma criança*. Rio de Janeiro: Zahar Editores, 1977.

LORENZER, A. *Sobre el objeto del psicoanálisis: lenguage e interacción*. Buenos Aires: Amorrortu Editores, 1976.

LORENZER, A. *El lenguage destruido y la reconstrucción psicoanalitica*. Buenos Aires: Amorrortu Editores, 1977.

PRADO JUNIOR, B. Auto-reflexão ou interpretação sem sujeito? Habermas intérprete de Freud. *Discurso*, 14, 1980.

SKINNER, B. F. The operational analysis of psychological terms. In: SKINNER, B. F. *Cummulative record*. Nova York: Appleton-Century Crofts, 1965.

Psicologia das massas e análise do Eu: uma teoria do final de análise?[1]

Este trabalho foi escrito em 1989 após uma discussão coordenada por Jorge Forbes, a quem agradeço especialmente, em Belo Horizonte. Parte dele havia sido apresentada naquela reunião e gerou inúmeras polêmicas a respeito do entendimento de Freud sobre cultura-sujeito, autenticidade-conformidade, coletivo-indivíduo etc. Porém, esse texto foi escrito na tentativa de traçar um paralelo entre as questões colocadas por Freud em seu livro sobre psicologia das massas e análise do Eu, a respeito da emergência do indivíduo e do grupo, e as questões colocadas para o analista a respeito do final de análise.

Procuramos demonstrar a estratégia freudiana de colocar em evidência a satisfação pulsional como critério de singularidade. Evidentemente, tal procedimento coloca em relevo a superficialidade das análises precedentes e, ainda, permite a ousadia de pensar os efeitos de uma análise a partir de uma lógica coletiva. Pensamos, então, em explicitar a hipótese aventada naquela discussão, qual seja, a de que a preocupação central de Freud poderia ser o problema da conceituação do final de uma análise: Quando e como o analisando se desloca da posição de objeto do Outro e marca sua identificação como sujeito? Para isso recorremos, na época, às teses lacanianas sobre as relações intersubjetivas e a mestria do analista e apontamos a necessidade de desdobramentos futuros envolvidos na teorização sobre os fins da análise.

Que el lector que prosiga en este volumen regrese a esta referencia a lo colectivo que es el final de este artículo, para situar gracias a ella

[1] Para Beth Bizzotto, Jorge Forbes e Leila Mariné.

lo que Freud ha producido bajo el registro de la psicologia colectiva (Massenpsychologie und Ichanalyse – 1920): lo colectivo no es nada sino el sujeto[2] de lo individual (LACAN, 1984).[3]

1. Introdução

Nas notas que antecedem a publicação do artigo "Psicologia das massas e análise do Eu", o editor inglês comenta que o trabalho é importante em dois sentidos diferentes: "Por um lado, explica a psicologia dos grupos com base em alterações da psicologia individual e, por outro, leva um passo à frente a investigação freudiana da estrutura da mente" (EDIÇÃO STANDART, 1976 [1921], p. 90).

Hoje, passados mais de sessenta anos, é nosso dever ético tentar explicitar um pouco mais as questões e contribuições desse artigo de Freud para a construção da psicanálise. É claro que Freud leva um ou vários passos à frente sua investigação da estrutura da mente, mas é interessante notar o fato de que ele o faz confrontando o indivíduo e a multidão (ou massa). Além disso, o modo como ele conduz esse texto reafirma novamente a especificidade da psicanálise e mostra como essa maneira de investigar muda a perspectiva clássica de uma psicologia tanto do indivíduo quanto dos grupamentos.

Começando pelos comentários do editor inglês, vemos já essa especificidade no próprio título. Ele denomina o texto "Psicologia das massas contrapõe a essa psicologia (ao mesmo tempo que estabelece uma ligação através do conectivo e) a expressão análise do Eu. Ao longo do artigo, vai ficando mais clara não apenas a confrontação, mas também a necessidade de pensar nesse emparelhamento para prosseguir sua investigação.

Assim, a parte inicial do título se refere a um campo de conhecimento que podemos definir como essencialista. Assim colocados, "Psicologia das massas" se refere a um conhecimento universal, invariável e passível de

---

[2] Sujeito, no original francês ou em espanhol, neste caso, pode ser traduzido por sujeito ou assunto, o que torna a citação mais sugestiva.

[3] Esta citação é uma nota de rodapé do artigo de Lacan sobre o tempo lógico. Ele a usa após sua demonstração da antecipação de uma certeza sobre o Eu (Je), a partir de uma lógica coletiva.

descrição genérica. Já "Análise do Eu" se refere a algo a ser constantemente encaminhado e enfatiza uma maneira de trabalhar o problema em vez do conjunto de conhecimentos obtidos a partir de uma descrição do comportamento da multidão. Assim, já no título, penso que Freud marca uma diferença, ao mesmo tempo que anuncia um cotejamento de campos que, à primeira vista, podem parecer estatisticamente diferentes se os vemos de modo essencialista. Nessa reunião de temas aparentemente distintos, até mesmo antagônicos quando olhados sob a óptica tradicional pela questão numérica, torna-se fácil deduzir como o individual e o coletivo são intrinsecamente interdependentes, e que a natureza do que se produz é diferente quando se pensa um em relação ao outro.

2. A argumentação de Freud

Freud conduz seu artigo apresentando as descrições dos comportamentos de grupo realizados por Le Bon e McDougall e interrogando-os sobre as questões que esses autores não se fizeram. À medida que apresenta o trabalho, vai especificando a pergunta inicial até chegar a um ponto em que se vê exigido a formular uma teoria das identificações. Inicia o trabalho propriamente dito com a obra de Le Bon, Psychologie des foules, para responder à questão, ainda genericamente colocada, sobre a natureza da alteração mental que o grupo forja no indivíduo. Freud transcreve, então, vários trechos nos quais Le Bon mostra os efeitos do grupo no indivíduo e a transformação de um agregado de indivíduos em uma unidade: "os dotes particulares dos indivíduos se apagam e, dessa maneira, sua distintividade se desvanece e o inconsciente racial emergiu, e o que é heterogêneo submerge no que é homogêneo, e as funções inconscientes que são semelhantes em todos ficam expostas à vista" (FREUD, 1976, p. 97).

Apesar de concordar com a descrição do comportamento em grupo, Freud faz a Le Bon a questão que o motiva: "se os indivíduos do grupo se combinam numa unidade, deve haver certamente algo para uni-los, e esse elo poderia ser precisamente a coisa que é característica de um grupo".

Le Bon supõe três causas das mudanças de características dos indivíduos nos grupos: a primeira, um sentimento de poder e a perda de autocontrole. Freud comenta que a descrição é óbvia, pois é um efeito do grupo suspender recalques dos impulsos inconscientes. Na segunda, que Le Bon chama de contágio, o indivíduo sacrifica seu interesse pessoal a favor do interesse coletivo. A terceira ele chama de sugestão, e recorre à hipnose como exemplo de desvanecimento da consciência, de "fascinação" pelo hipnotizador, efeitos esses aumentados pela reciprocidade no grupo.

Ao analisar as causas apontadas por Le Bon, Freud comenta (1976, p. 200) que o contágio é uma manifestação de sugestionabilidade, e que esses fatores precisam ser diferenciados. "Talvez possamos interpretar melhor seu enunciado se vincularmos o contágio aos efeitos dos membros do grupo, tomados individualmente, sobre os outros, enquanto apontamos outra fonte para essas manifestações de sugestão no grupo, as quais ele considera semelhantes aos fenômenos da influência hipnótica". Nesse momento, então, Freud especifica ainda mais sua questão: "Mas que fonte?". O fator que substitui o hipnotizador não é mencionado e a origem da fascinação fica obscura.

Freud continua citando Le Bon e sua comparação entre a vida mental dos povos primitivos (e de crianças) e a vida mental do grupo. Desse modo constata que o grupo é impulsivo, instável e irritável. Tem o sentimento de impotência, mas é, ao mesmo tempo, crédulo e submisso, sendo tão "obediente quanto intolerante à autoridade", e "seus sentimentos são muito simples e muito exagerados: a suspeita transforma-se rapidamente em certeza e um traço de antipatia se transforma em ódio". "Um indivíduo pode ter seus padrões morais elevados por um grupo, ao passo que a capacidade do grupo está sempre mais baixa que a do indivíduo." "Os grupos exigem ilusões e não podem passar sem elas." Em outras palavras, os indivíduos adotam uma linguagem que não lhes é própria. Ficam anônimos, falam uma linguagem genérica e não se dirigem a um nome próprio que designa sua produção significante.

Entretanto, ao prosseguir em sua análise, Freud faz ver que o próprio Le Bon reconhece que existem outras manifestações grupais que vão em sentido contrário. Ele se refere, por exemplo, à possibilidade de princípios éticos mais elevados no grupo e a sua capacidade de desprendimentos, já que para os indivíduos isolados, o interesse pessoal é o que conta. Assim, considera que as contradições de Le Bon possam ser debitadas do fato de que ele se prendeu a grupos de caráter efêmero, isto é, àqueles cujos interesses passageiros aglutinaram certos indivíduos.

Freud sugere que se distingam várias estruturas diferentes que foram nomeadas como coletivo por Le Bom, e que se avalie os efeitos de grupos e associações estáveis que se acham corporificados nas instituições da sociedade.

Nesse momento ele se vê, então, obrigado a examinar a teoria de McDougall, exposta em *The group mind*, que também partiu da mesma contradição apontada por Freud e sugeriu a noção de organização como forma de solução.

Segundo McDougall, no caso mais simples, o grupo tem pouca ou nenhuma organização, mas admite que uma multidão de seres humanos não se reúne sem, pelo menos, os rudimentos de uma organização, e que nesses grupos simples fatos fundamentais da vida coletiva podem ser observados facilmente. Pelo menos uma condição tem de ser satisfeita para que os membros da multidão constituam um grupo no sentido psicossociológico do termo: eles devem ter algo em comum. A organização, que contrasta grupos mais e menos simples, está condicionada, segundo McDougall, à presença dos seguintes fatores: 1) a existência de certo grau de continuidade no grupo (material ou formal); 2) a existência em cada membro de uma representação da natureza, função e capacidade do grupo; 3) a interação (inclusive rivalidade) com grupos semelhantes, mas que diferem em vários aspectos; 4) a existência de hábitos, tradições e costumes do grupo; 5) que o grupo tenha uma estrutura definida e expressa na diferenciação de funções de seus constituintes.

Freud propõe descrever o que McDougall designa como organização de uma outra maneira. Para ele, "o problema consiste em saber como se conseguiu para o grupo aqueles aspectos que eram características do indivíduo e nele se extinguiram pela formação do grupo, pois o indivíduo fora do agrupamento primitivo possui a sua própria continuidade e mantinha-se apartado de seus rivais. Devido à sua entrada num grupo 'inorganizado', o indivíduo perdeu essa distintividade por certo tempo" (FREUD, 1976, p. 112).

Freud, aqui, recorre a um momento mítico para dar conta do surgimento do coletivo a partir do indivíduo, ou melhor, a partir do que ele perdeu com a formação grupal. Do mesmo modo, Freud sugere que esse é um momento em que o indivíduo se faz singular, a partir do que o mantém identificado a um grupo. Voltaremos a isso com Freud.

Continuando a sua análise, Freud demonstra que a organização não contradiz o fato fundamental da psicologia coletiva: a intensificação das emoções e da inibição do intelecto. Ao explicitar as idéias de McDougall, Freud demonstra que as teorias sempre recorrem à sugestão e a seus correlatos — imitação, contágio e reciprocidade — como fonte de explicação das características grupais. A maneira como os autores recorrem à sugestão parece tornar possível que ela seja um fenômeno primitivo e irredutível que explicava tudo e era isenta de explicação. Não se tentava ver as "condições sob as quais a influência, sem fundamento lógico, se opera" (FREUD, 1976, p. 115).

Freud, então, traz para o estudo do coletivo o conceito de libido, lembrando que ele designa a energia daquelas pulsões que têm a ver com tudo que pode ser abrangido pela palavra amor, em seu sentido mais amplo e sexual em sua origem.

Assim, as relações amorosas são a base da mente grupal. É o poder de Eros que mantém o grupo unido; e se o indivíduo perde sua distintividade exatamente para estar em harmonia com os demais, ele o faz por amor, e é a partir desta vinculação que pode se reconhecer como indivíduo. Freud demonstra, assim, que o amor é a base para que o grupo imponha regras de comportamento civilizado e exija a adaptação dos membros a ele. Começa-se, então, a luta entre o autêntico e o conforme, mas há, de acordo com Freud, uma fonte, um terceiro elemento que estrutura a presença desses pólos.

3. O papel do líder

Freud parte, em seguida, para estudar a Igreja e o Exército como grupos artificiais, organizados e permanentes, para avaliar um fato desprezado pelos estudos citados: o que transforma os indivíduos em uma unidade; que condições são necessárias para que os membros teçam laços amorosos; ou qual é a fonte responsável pelos efeitos de sugestão. Freud estuda esses grupos para marcar a importância de um terceiro elemento: "cada indivíduo está ligado por laços libidinais por um lado ao líder e, por outro, aos demais membros do grupo" (FREUD, 1976, p. 121). Um ajuntamento de pessoas não constitui um grupo enquanto esses laços não estiverem estabelecidos.

Freud retoma então, no final desses capítulos iniciais, uma oposição formulada no início entre o narcísico e o social. "O amor-de-si trabalha para a preservação do indivíduo e funciona como se o aparecimento de qualquer divergência envolvesse uma crítica das próprias linhas de desenvolvimento. A agressividade resultante só escapa da percepção em conseqüência do recalque. Em um grupo, a intolerância se desvanece e os indivíduos comportam-se "como se fossem uniformes", "toleram as peculiaridades, igualam-se e não sentem aversão". E conclui que "o amor de si só conhece uma barreira, o amor pelos outros, o amor por objetos" (FREUD, 1976, p. 130). "Uma tal limitação do narcisismo só pode ser determinada por um fator, um laço libidinal com outras pessoas" (FREUD, 1976, p. 130). Quanto à ficção que mantém o grupo, é precisamente a ilusão de um chefe que ama com amor igual a todos os membros.

Paradoxalmente, é essa a ficção que faz com que uma pessoa procure psicanálise, porque ela supõe que é ali que reencontrará o modo de se adequar novamente à conformidade da situação anterior. Mas nesse momento de queda da ilusão ou de encontro com o real ela nada quer saber. Suas palavras já não têm eficiência para cobrir suas lacunas, e a ruptura provocada exige um saber. Essa pessoa busca, então, a palavra do Outro, na esperança do conforto pelo anonimato, pela alienação no analista. Procura evitar, assim, o enfrentamento da questão subjetiva através de uma referência objetivante do Outro.

Não é por puro interesse intelectual ou em psicologia social que Freud estuda a função do líder. Os laços libidinais da transferência já haviam sido descritos e era necessário aprofundar mais o papel do analista diante do amor. Mas o amor de transferência é dirigido àquele que o analisando coloca como líder? Busca também aquele efeito "civilizador"? Na segunda metade do texto, na qual estuda as identificações, Freud vai demonstrar que não. A análise não se dirige a uma identificação com o líder, como querem as teorias da contratransferência. Nem visam apenas a uma dispersão significante, na qual o analisante poderia ser qualquer coisa que as circunstâncias exigissem. Nesses casos, a psicanálise teria a oferecer apenas a identificação histérica ou o amor civilizador como resposta às exigências do saber sem sujeito que o inconsciente determina.

Seguindo Freud, vemos que o amor de transferência visa às marcas deixadas pela perda do objeto e, conseqüentemente, à operatividade do desejo. A partir da repetição proporcionada pelo analista, o analisando busca o traço (Einziger Zug) que perpassa os significantes que o produzem e se vê alijado do grupo. Constata, assim, que aquele líder – o analista j – não tem a mestria do seu gozo. Nesse momento, observa o fracasso do imaginário e se vê desafiado a produzir um novo significante para sustentar seu encontro faltoso.

4. O pânico

Antes de prosseguirmos na lógica do mito da emergência do indivíduo, retomemos o texto de Freud, ao estudar o pânico, por ser um argumento decisivo na definição da importância do líder no processo.

Suas considerações se dirigem ao caso de pânico no qual o perigo é tão grande quanto em outras ocasiões, e o grupo que o enfrenta possui laços emocionais – um corpo de tropa, por exemplo. Ocorre nesses casos que as ordens dadas pelos superiores não são atendidas, e cada indivíduo preocupa-se apenas consigo próprio. Os laços deixam de existir e libera-se um medo grande e insensato. Há um relaxamento da estrutura libidinal do grupo e o perigo, nessas circunstâncias, é julgado maior do que seria razoável supor. Aliás, lembra Freud, pertence à própria essência do pânico a desproporcionalidade entre a sensação e o tamanho do perigo, bem como seu surgimento em situações mais triviais.

Entretanto, ao considerar esses casos de pânico exemplos da mente grupal, nos quais os efeitos de contágio e da reciprocidade estão aumentados, somos conduzidos, segundo Freud, a uma formulação paradoxal: a manifestação mais pura da mente grupal aparece exatamente quando ela se extingue.

Freud afirma que há a desintegração do grupo durante o pânico devido aos rompimentos dos laços com o líder. Porém, mesmo assim, o paradoxo continua formulado: há um desaparecimento dos laços que uniam os indivíduos entre si e ao chefe. Como conseqüência desse desenlace segue-se um verdadeiro retorno ao narcisismo, devido à privação do "centro regulador do gozo". Assim, é no momento em que tudo o que constitui a massa desaparece – um chefe que ama a todos igualmente e o contágio do amor entre os indivíduos – que a massa mais se mostra como massa (GUIMARÃES, 1987).

Freud traz assim, a meu ver, novamente nesse outro contexto, a impossibilidade de pensar os fenômenos de modo estático, e mostra a necessidade de estudá-los em relação a um elemento exterior, ou de exceção, que os estruture. No caso dos grupos, o líder pode ser substituído por uma idéia, por desejos, por uma tendência comum. Em suma, o líder pode ser substituído por qualquer objeto "que evoque o mesmo tipo de laços emocionais" (FREUD, 1976, p. 127).

Veremos, em seguida, que Lacan avança mais ainda essa postulação freudiana, ao afirmar que o líder, ou o terceiro elemento, é necessário, porque há um real de gozo que escapa ao domínio do simbólico: trata-se de um ponto de descontinuidade na constituição do sujeito que Lacan ousou elevar à categoria de objeto – o petit a, que causa o desejo. Ponto esse articulado ao simbólico pela fantasia e que, por isso mesmo, junta elementos de natureza heterogênea em um campo único e "garante" uma identidade aos sujeitos.

A presença desse ponto exige uma mestria, porque os indivíduos podem cair no puro gozo do pânico ao sair do amor civilizador em busca do que lhes é autêntico.

5. Uma teoria do final de análise?

A leitura que o texto permite fazer e que enfatizamos neste momento é a de que há uma preocupação com a construção da singularidade do indivíduo através do coletivo ou a partir dele. As questões levantadas por Freud são as mesmas que podem ser feitas em relação à condução de uma análise e, especificamente, à transposição da mestria do analista para a mestria do objeto que causa o desejo (PINTO, 1990): Como operar com o amor de transferência sem fazer dele um instrumento "civilizador" que acabaria por negar a antecipação de uma certeza sobre a identidade do analisando? Como se retirar como líder sem que ocorra simplesmente uma "explosão gozosa", típica do pânico? Como pode o analista permanecer presente, oferecendo-se apenas como semblante de um objeto ausente? Aceitar a identificação ou responder pela contratransferência seria anular o particular de cada analisando e induzi-lo ao coletivo indiferenciado. Nesse caso caberia a ele, como saída, a identificação com o analista, e retornaríamos novamente à persuasão, ao amor que civiliza e agrega. Entretanto, o analista pretende trazer a real, ou de acordo com a postulação de Freud, trazer a presença desagregadora da pulsão de morte, por ser ela a fonte para um movimento constante de criação e construção do saber.

Podemos examinar essas questões através do Esquema L, que Lacan apresenta para discutir a dinâmica das relações intersubjetivas:

$\$$ a' (analista)
(analisando) a   A (Outro)

$\$$ – sujeito do inconsciente
a – "eu", ou o analisando
a' – outro, ou o analista
A – o Outro, o simbólico como fonte das significações possíveis
o – real, ponto onde o saber se revela impotente

Lacan desenvolveu esse esquema para mostrar a insuficiência da dialética hegeliana entre duas consciências (nesse caso, o eixo a---a'), porque há a presença de um grande Outro, lugar das significações possíveis, estabelecido pela linguagem, que estrutura e permite o confronto entre os dois indivíduos (ou pequenos outros em sua terminologia). Esse avanço na concepção da dialética intersubjetiva hegeliana é trazido pela própria psicanálise, ao demonstrar que as interpretações são possíveis pela presença do inconsciente, não apenas pela luta das consciências. É provável que Lacan tenha utilizado esse texto de Freud que estamos examinando, além de seus estudos sobre Hegel, já que ele o cita em seu artigo sobre o tempo lógico, conforme a epígrafe deste trabalho.

Utilizando esse esquema podemos ver o líder no papel do (grande) Outro e os membros do grupo ligados entre si a partir da presença estruturadora do simbólico. O eixo a---a' define o encontro do analista com seu analisando, constituindo-se no eixo da relação imaginária. Entretanto, como já dissemos, o analista assim se apresenta, mas não é o portador do saber como o analisando supõe. Faz parte de sua mestria se colocar nesse lugar e encaminhar as questões para o simbólico (A), visto que as significações para as questões daquele analisando em particular dependem da forma como foi capturado pela alíngua.

Nesse movimento, o analista instaura o fracasso do amor buscado pelo analisando na relação imaginária, mostrando sua insuficiência em recobrir o inconsciente. A incompletude do Outro faz surgir o corte da relação imaginária, produzindo a questão subjetiva: o analisando deixa de buscar a significação a partir do Outro e do contexto, e se localiza como significação no Outro. A impossibilidade de uma resposta plena pode ser vista no gráfico no ponto de cruzamento dos eixos: o pequeno círculo que utilizamos define o ponto de não-saber, o real, que escapa as significações possíveis. O S como sujeito se dá sempre como um movimento estruturado pelo Outro, a partir da presença do igual (do outro); isso, entretanto, só é possível pela impossibilidade da representação plena de si, devido ao furo introduzido pelo real (cruzamento dos eixos). Esse ponto define a impotência de um saber totalizador sobre a identidade do analisando ou mesmo do membro de um grupo. Somente a mestria de um líder pode levar a um processo analítico ou a uma pertinência alienada ao grupo. Posteriormente, Lacan passou a grafar o sujeito e o Outro com barras (S e A), para caracterizar essa falta impossível de ser preenchida.

Há, então, nesse esquema de Lacan, a mesma referência da lógica coletiva, trabalhada por Freud em "Psicologia das massas e análise do Eu". A mestria do analista é, assim, extremamente singular, pois visa fazer com que o objeto (real) que causa o desejo e produz a particularidade do sujeito simbólico passe a ser o líder ou o agente das questões do analisando. O analista se recusa a ficar tanto no papel de companheiro do grupo (a---a') quanto no do líder (A) que trabalha com a persuasão, pois isso seria massificação. Mas é a partir de sua mestria na condução de uma análise, a partir dessas condições, que o analisando pode descartá-lo e fazer o ato que o defina como Eu (sujeito).

É tentador fazer a inferência de que Freud tenha se preocupado com esse tipo de questão, naquele momento, devido às dificuldades surgidas na condução de uma análise. A época áurea da obtenção de grandes resultados pela interpretação havia passado, e ele se defrontava com a reação terapêutica negativa, além da compulsão à repetição de eventos traumáticos. Na mesma época, Freud modifica radicalmente sua teorização, ao escrever que mais além do princípio do prazer, há a pulsão de morte, o real silencioso, inapreensível pela linguagem e responsável pela divisão irremediável do sujeito com seu objeto de desejo e tamponada pela fantasia, que Lacan denomina fundamental.

Assim, a análise do coletivo ou dos laços sociais se referencia nas questões do sujeito colocado entre a alienação no campo do Outro, produzida pelo amor, e a separação que o singulariza.

O texto de Freud sobre esse tema, naquele momento específico da construção da teoria psicanalítica, sugere uma dificuldade em definir os parâmetros para os fins da análise, porque introduz, tanto na análise dos laços sociais quanto nos efeitos da resistência característicos da situação de transferência, o papel da economia libidinal.

Mas a tentativa de Lacan de retirar a psicanálise das concepções da transferência psicologizantes e/ou essencialistas através do esquema L, que privilegia a linguagem e o descentramento do ego pelo Outro, acabaram também por elidir o problema do real da pulsão. A meu ver, essa é a principal contribuição da psicanálise para a compreensão dos fenômenos de transferência e dos laços sociais, sendo explicitamente retomada por Lacan no Seminário XVII. Ali, a inclusão do elemento pulsional na constituição do sujeito pelos discursos toma o devido lugar na explicitação da contribuição freudiana para a análise dos fenômenos de resistência sustentados pelos laços sociais e subvertidos pelo discurso do analista. A operatividade desse discurso e a formalização de seus efeitos perante as outras formas de laço social, iniciada por Freud em "Psicologia das massas e análise do Eu", atinge seu clímax na caracterização lacaniana do objeto libidinal como presença fundamental na compreensão do discurso como forma de regulação do gozo. A constatação de que todo discurso é prenhe de gozo e que se trata de um arranjo civilizatório de sua ordenação exigirá, certamente, outras formalizações sobre os fins de uma análise.

Referências

FORBES, J. *Problemas da identificação e do final de análise*. Módulo ministrado em Belo Horizonte através da Biblioteca Freudiana Brasileira. Matema, 1989.

FREUD, S. Psicologia do grupo e a análise do ego. In *Edição Standart Brasileira das Obras Psicológicas Completas de Sigmund Freud*, vol. XVIII, p. 89-179. Rio de Janeiro: Imago Editora Ltda., 1976 (1921).

GUIMARÃES, L. M. C. *A autonomia, a ciência e o social*. Dissertação (Mestrado em Ciência Política)– Faculdade de Filosofia e Ciências Humanas, Universidade Federal de Minas Gerais, Belo Horizonte, 1987.

LACAN, J. El tiempo lógico y el aserto de certidumbre anticipada. Un nuevo sofisma. In: LACAN, J. *Escritos*, vol. 1, p. 187-203. México: Siglo Veintiuno Editores, S.A., 1984.

PINTO, J. M. A certeza antecipada como demonstração lógica do final *da análise*. *Psicologia: teoria e pesquisa*. Brasília, v. 6, n. 1, p. 107-110.

A servidão ao saber e o discurso do analista[1]

1. Freud e as fontes da identificação como critérios de análise do enlaçamento social

Uma das interpretações possíveis para o texto de Freud "Psicologia das massas e análise do Eu" é que se trata de uma indagação sobre um final de análise.[2] Nesse texto, Freud estaria se perguntando sobre o indivíduo autêntico, aquele não submetido aos ideais do grupo, com base em um raciocínio que a sua própria teorização o levou a fazer. Qual seja: existe o coletivo homogeneizado dos indivíduos, a partir de onde a análise permitiria o destaque daquele particular, ou já existiriam os particulares que se aglomerariam e constituiriam o grupo?

O problema freudiano da origem estaria permeando essa indagação e fez com que Freud escrevesse um belo livro, que extrapola a noção de conflito psíquico para as relações entre o sujeito e a cultura. Eis algumas questões que se colocam: Onde haveria conformidade em oposição à autenticidade? A servidão a um vínculo social impõe o gozo da renúncia pulsional? Que grau de servidão é necessário, à custa do recalque, para que a civilização se mantenha? O que ou quanto um sujeito se dispõe a perder para ser amado pelo líder? Qual o papel da idealização na resposta que um sujeito singular dá ao desejo do Outro?

Como se pode perceber, são inúmeras as questões abordadas magistralmente por Freud neste livro e que continuam a ser trabalhadas.

---

[1] Para Ana Maria Portugal Saliba, Gilda Vaz Rodrigues e Kátia Botelho.

[2] Conforme análise apresentada por Jorge Forbes na Biblioteca Freudiana Brasileira, São Paulo, 1991, e desenvolvida em texto precedente.

Sabemos, ainda, que há ali uma de suas maiores contribuições para a análise daquelas questões, quando ele apresenta as fontes (Issa, 1997) da identificação. A partir dessas fontes, Freud aponta as condições para um enlaçamento social e coloca o ideal como uma "categoria de análise do individual e do coletivo". A primeira das fontes da identificação seria mítica, ao pai ideal. A segunda seria o desejo, que possibilitaria a característica pronunciadamente manifesta na histeria de se desejar o desejo do Outro. Por último, ele coloca o traço único.

A teoria freudiana se preocupa, assim, com as condições para que o corte simbólico instaure a criação do sujeito e da pulsão, separando-o da noção de indivíduo, espécime de uma sociedade. Freud, no entanto, recusa as categorias da filosofia e adere de um modo especial (tanto ao afirmar quanto ao subverter) aos ideais científicos. Isso resulta na colocação, em um mesmo plano, das noções de sujeito, pessoa e indivíduo, só que agora descentrados da consciência e alijados da natureza.

Em outras palavras, a teoria freudiana das identificações foi elaborada sob a égide da pulsão e do mito da libido e recusa qualquer referência empirista biologizante para explicar as relações entre as pessoas. Estas se afetam pela dinâmica pulsional ordenada pela estruturação simbólica que as afastou do "estado de natureza", o qual, segundo Freud, passa a ser mantido sob recalque. São aquelas fontes que permitiriam às pessoas se identificar e criar laços entre si, de modo a regular um gozo insuportável. Caso contrário, não haveria a civilização, pois cada um dos indivíduos viveria a absoluta particularidade do seu gozo.

Freud também recorreu ao mito da horda primeva para analisar tanto a origem da cultura quanto o "estado de natureza" que pode irromper, dependendo das condições simbólicas. É o caso, por exemplo, do paradoxo do pânico. Contudo, ele não considerava a cultura, a sociedade, ou mesmo o sujeito como objetos dados, fixamente constituídos. Sua estratégia era partir das coisas tal como se apresentavam e levá-las a uma desconstrução, com o objetivo de demonstrar as implicações de uma análise das relações entre o particular e o universal, os quais não se completariam nunca. Ao contrário, qualquer tentativa de realizar um Todo ou obter um sentimento oceânico, por exemplo, seria fruto de um desespero narcísico. Aliás, mesmo que essa ligação com o Todo fosse alcançada, ela não seria explicação, mas resultante de uma imaginarização.

Mesmo sem adotar uma definição a priori de cultura, Freud demonstra que as produções humanas têm a função de barrar o gozo, ou melhor, "ordenar o gozo", embora nenhuma das instituições nunca consiga eliminar o mal-estar, visto que "há uma parcela de nossa natureza psíquica que é inconquistável" (FREUD, 1974, p. 105). Quer isso dizer que, por mais que os ideais culturais nos convoquem à homogeneização, ao campo do que é perfeitamente calculável, sobra uma lacuna imponderável por onde o real do sujeito se manifesta em um mais além da interpelação ideológica. Dessa maneira, a servidão à instituição é estrutural, no sentido de que é impossível a completa autonomia. O próprio conceito de pulsão é tributário das relações entre a linguagem e a natureza, embora este último seja apenas mais um significante, já que, como seres simbólicos, não temos mais acesso a ela.

Sem dúvida, o texto "Psicologia das massas" deu a Freud um instrumento poderoso de análise, permitindo-lhe a extração de conseqüências inigualáveis sobre o coletivo e o individual. Lacan relembra a grandiosidade desse texto ao afirmar, em uma nota de rodapé do seu artigo "Tempo Lógico" que o coletivo nada mais é do que o assunto (*sujet*) do individual. Como isso se dá, no âmbito de uma instituição analítica, é o tema deste texto.

2. Lacan, a identificação pelo significante e a segregação

Lacan construiu uma nova teoria das identificações ao refazer o percurso freudiano a partir de uma visão científica moderna. A pergunta pela origem cede lugar a uma análise do que está posto, uma estratégia que Freud, aliás, utilizaria de maneira mais explícita no final de sua vida. Dito em outros termos, o *como* as coisas se dão se impõe ao *por quê*. Ou seja, sujeito e cultura estão dados de saída e não é necessário recorrer à aliança ciência-mito para proceder a uma análise da economia pulsional.

Contudo, ainda assim, Lacan estipula, em um momento inicial, a anterioridade do Outro e da máquina significante. O pai ideal é apenas um dos Nomes-do-Pai que asseguram a Freud a idéia da gênese da interdição do gozo da mãe. A partir daí, a terceira fonte de identificação – o *einziger zug* – torna-se o traço unário da inscrição significante e a base para que possamos articular o desejo e o ideal na presentificação de um sujeito. O significante abriria caminho para a interpelação do Outro (nos dois sentidos), levando ao início da análise através de conceitos que possibilitam pensar a experiência, o sujeito, a linguagem e a pulsão.

Mas a formalização do excedente pulsional que surge com a inscrição significante talvez tenha sido a mais original das contribuições de Lacan, ou seja, a linguagem mostra um mais-de-gozar e vai fazer com que o sujeito compareça entre a inércia do simbólico e aquele excedente pulsional. Lacan formalizará esse avanço ainda com mais sofisticação ao adotar os matemas dos discursos, pois ali, nenhum dos elementos tem uma anterioridade. O Outro, organizador dos ideais e tesouro dos significantes, cede lugar a uma estrutura mínima do laço social, extrapolando o limite do conceito a favor do matema.

Lacan passa a contar, então, com o mínimo de significantes, que são necessariamente dois, S1 e S2, o sujeito e a causa real do desejo, os quais funcionam articuladamente. Isto é, em tempos de capitalismo avançado, a ciência e a tecnologia produzem os objetos que tentariam garantir o gozo, e o Outro, como pólo organizador dos ideais, já não teria a mesma força de antes.

Além da inovação em relação à teoria freudiana das identificações, a teoria dos discursos formaliza as possibilidades de análise do laço social. Lacan avança, assim, na exposição de que não há identificação entre pessoas. Há apenas o laço social ou um modo de regulação do gozo, visto através da forma como os quatro elementos se articulam. Em resumo, adotamos uma maneira mais condensada de nos expressar quando dizemos que o muro da linguagem está entre as pessoas ou que o significante é a base da identificação. Fato é que, quando dizemos significante, estamos entendendo que a linguagem cria uma realidade, **institui** uma filiação. O significante recorta o campo da linguagem e, conseqüentemente, delimita a identificação àquele efeito, incluindo aí a fixação do quantum de gozo. **O significante é, portanto, a instituição à qual pertencemos.**

A ação de recorte própria do significante impõe, dessa maneira, a forma específica de um mais gozar, segregando aquele conjunto dos elementos recortados dos demais. Cada instituição passa a estar segregada da outra e os membros de cada uma adotam uma servidão aos ideais prescritos pelo significante. E, muito possivelmente, segundo essa lógica, obtêm um certo gozo na manutenção daqueles ideais.

Contudo, a ação do significante não "identifica" a causa do desejo, que permanece como a "parcela inconquistável" pela linguagem. E será com a causa do desejo que a psicanálise contará para incidir sobre a segregação produzida pela linguagem.

A ética da psicanálise exige, portanto, que ela se coloque como um discurso que identifica com mais rigor a especificidade dos outros discursos. Cabe a ela verificar como o significante produz a segregação, ao constituir uma identificação em um determinado coletivo. Se a identificação que existe é ao significante, ou seja, se a instituição à qual estamos filiados é o significante, cabe à psicanálise fazer com que a causa do desejo agencie a particularidade do sujeito, deslocando o gozo da servidão intrinsecamente imposta.

Em termos gerais, "o que a psicanálise deve colocar como objetivo em uma instituição é, seguramente, instaurar a particularidade contra o ideal" (LAURENT, s.d.), seja essa instituição um significante válido para um determinado sujeito ou para um coletivo. O giro entre os discursos, possibilitado pelo discurso do analista, faria surgir um efeito de sujeito agenciado pela causa do desejo, desvelando os agenciamentos totalizadores, portanto ideológicos, das outras formas discursivas. Essa operação é conduzida a partir de uma situação específica concreta, pois não existe um modo universal de servidão a uma instituição. É próprio do significante não ter seu significado já instituído, o que, certamente, eliminaria a análise.

A maneira como um analista realiza o trabalho de convocar a particularidade depende da suposição de saber que lhe é atribuída. Mesmo nada sabendo sobre a causa do desejo que particulariza o sujeito, o analista opera com a impossibilidade de um saber esclarecedor sobre a castração. As perguntas, as insinuações, os enigmas e as citações fazem vacilar as certezas e produzem um trabalho interpretativo por parte do analisante. Na verdade, como afirma Lacan no Seminário XVII, "nós somos supostos saber não grandes coisas. O que a análise instaura é justamente o contrário. É ele (o que está para começar a análise) que o analista institui como suposto saber" (LACAN, 1992, p. 50). É o analista quem supõe o saber no analisante e, por isso, se dispõe a ouvi-lo.

Do ponto de vista de quem faz a demanda, porém, qualquer movimento do analista é interpretado como uma manobra que revela ao analisante como a cisão entre saber e verdade é preenchida pelo seu inconsciente. A psicanálise caminha, assim, em direção contrária a essa cisão, a fim de colocar o saber em posição de verdade, não de suposição. Os obstáculos, os impasses dos momentos nos quais o sem-sentido se impõe, são signos de um real que confronta o sujeito e em relação aos quais ele só tem saída se produzir trabalho. Curiosamente, o estatuto da transferência nos ensina que, quanto mais o analisante produz trabalho, mais ele supõe um saber no analista sobre o seu inconsciente. Há, assim, um saber suposto em operação na análise que funciona como motor do tratamento, fazendo com que o retorno da verdade, sob a forma de sintoma, possa ser analisado. O produto de uma análise, é lógico, seria o analista, uma função suportada por alguém que se dispõe a se colocar como *semblant* de objeto causa do desejo.

Continua em aberto a pergunta: O que faz com que alguém se disponha a sustentar esse lugar para outrem depois de constatar a suposição de saber envolvida em sua própria análise? Será isso, aliás, que dará prosseguimento ao laço social possibilitado pelo discurso do analista. Mas posta a exigência ética de convocar a particularidade de cada um, o laço desse discurso não se dá em termos de massa ou grupo. Ao contrário, efeitos de grupo seriam sintomas da negação da particularidade.

3. A fascinação pela particularidade

O problema surgido quando se argumenta pela especificidade do discurso do analista em relação às outras maneiras de regulação do gozo na cultura é o da indução a um ideal de instituição na qual o particular de cada um será acolhido. É como se uma análise contasse em seu final com um ideal de não-servidão e de uma harmonia fora das regras civilizatórias. É claro que aqueles que encontraram o irredutível de uma análise, o ponto de fixão a suportar o contingente, destituíram o Outro pela queda da sobredeterminação que sustentava a ação fantasmática em favor da causa sempre pretendida, mas nunca aprisionada pelo discurso da ciência. A partir daí, não precisam mais suportar a servidão daquela maneira como vinham fazendo, mas também não conquistaram a autonomia idealizada.

Essa absoluta solidão, de um a um, é suportada, porém, pelo significante **psicanálise**, que passa a ser o significante que institui a congregação daqueles particulares e o que faz com que as instituições psicanalíticas tenham características totalmente diferentes das demais.

O fato de haver uma teoria com conceitos bem estabelecidos pode fazer com que o significante "psicanálise" funcione como **suplência** para os sujeitos. É por isso que a manipulação interessada desse significante acaba produzindo efeitos catastróficos naqueles sujeitos que o adotam como nome de seu *sinthome*, essa "formação significante carregada de gozo, nossa única substância, único suporte do ser, único ponto a dar consistência ao sujeito graças ao qual evitamos a loucura" (GARCIA, s.d., p. 41). E são exatamente os analistas que não sabem como construir a república analítica, que não sabem viver entre eles mesmos e que têm uma dificuldade especial com a política, como salienta Miller (s.d.).

Em *Televisão* (LACAN, 1993, p. 31-34), Lacan fala de sua exclusão do laço social ao ocupar o lugar lógico do −1, como ocorreria com qualquer analista, ou seja, com qualquer um que tenha passado pela queda das identificações e alcançado o desejo de analista. "O santo não goza", a não ser "durante o tempo (em) que ele não está mais operando", isto é, depois de se afastar do lugar de *semblant* de objeto. A particularidade não seria motivo de desespero, pois "quanto mais santos somos mais rimos, é meu princípio e até mesmo a saída do discurso capitalista – o que não constituirá progresso se for somente para alguns".

Como o laço social possibilitado pelo discurso do analista se dá um a um, tal progresso pode ser mesmo muito lento. Muitas configurações podem surgir a partir de cada elemento que se agrega. O problema, então, é a aceitação ou a servidão a um ideal de Todo em que caiba todos os particulares ou que cada particularidade seja a regra para que a estabilidade ou consistência de um sistema com essas características se mantenha.

Mas parece impossível tal organização, mesmo se ela convocar a posição de "guerreiro aplicado" de seus membros. Quando não se está operando na função analista, há sempre uma possibilidade de gozo à espreita... Ou seja, ninguém se dispõe a ser um guerreiro aplicado se não for explicitamente convocado – e seria de fato paradoxal a constituição de um todo de singulares. Como alerta Laurent, "o sujeito não tem que tiranizar o mundo inteiro em nome de sua particularidade". Assim, cair na servidão voluntária ou tiranizar histericamente o mundo em nome da particularidade serviriam ao mesmo fim.

Se Freud argumenta que o fascínio e a servidão eram características de uma instituição totêmica porque ali os membros se filiam ao Ideal do Eu, a instituição psicanalítica está sempre correndo o risco de cair no fascínio da filiação ao objeto e adotar o voluntarismo por bandeira, ou então, de adotar um líder que sabe tirar proveito de uma perplexidade paralisante. Ambas posições sustentam ideais, o que contradiria a destituição alcançada pela psicanálise.

Qualquer instituição – se aceitarmos a definição pelo significante – é logicamente inconsistente, em especial a psicanalítica; mas cada uma delas mantém dispositivos, visando a diminuir o impacto das obscenidades do grupo. Cada coletivo se organiza, então, pela transferência de trabalho, mas sempre há a indução da transferência, dada a inevitável suposição de saber. Alguns membros podem tirar proveito dessa situação, nem que seja no sentido de garantir alguma consistência identificatória. Os efeitos de rivalidade do grupo acabam surgindo e a política da psicanálise é reiteradamente convocada. Não cabe a tirania do particular tampouco a adesão ao fantasma da igualdade mostrado por Freud na estrutura libidinal do grupo: um pai que ama a todos igualmente. Esse é o fantasma que esconde os efeitos segregatórios do significante.

Sabemos não ser necessário que o lugar do Ideal do Eu seja ocupado por uma pessoa para que o processo civilizatório se sustente. Esse lugar pode ser ocupado por uma idéia, uma crença ou um saber. É claro que em qualquer associação científica o amor ao saber estará presente e deve ser continuamente retificado para não impedir a transferência de trabalho. Nesse caso, acredito que a política até possa ser mais bem conduzida se os membros se propõem tacitamente a identificar esse lugar a um líder.

4. O caso específico da universidade: a demonstração como fim, e não como ideal

A universidade é uma instituição voltada para a transmissão de um saber universal, produzido e aplicável segundo regras científicas e replicável por qualquer outra instituição que disponha de meios semelhantes. Já a psicanálise não é transmitida, como dissemos, pelos meios de comunicação utilizados consensualmente pela cultura e depende de uma relação específica com o saber, construída pelo um a um que faça essa demanda. Desse modo, a universidade não se caracteriza como uma instituição psicanalítica, embora congregue vários profissionais que se dedicam à psicanálise, tanto em intensão quanto em extensão.

Como se trata de uma instituição que convive e legitima ou não a diversidade dos saberes produzidos pela cultura, a psicanálise é ali um significante que pode congregar várias teorias e pressupostos diferentes. Ao mesmo tempo que se coloca como uma instituição universalizante quanto ao saber que é transmitido, trata-se de um lugar onde as divergências tanto teóricas quanto pedagógicas **devem** conviver, pacificamente ou não... Essa é uma exigência superegóica, um imperativo de respeito à diferença, já que ali não cabe a figura do pai que ama a todos igualmente. Existem tantos projetos individuais quantas infinitas possibilidades de saídas de análise de cada uma das pessoas engajadas no ensino da teoria psicanalítica. A luta fratricida ocorre, é claro, mas tem o ideal da diferença teórica como um elemento civilizador que baliza a política universitária. Isso não deixa de implicar um certo paradoxo, pois é exatamente uma instituição que privilegia o universal de modo quase absoluto e que acolhe a particularidade pessoal e/ou teórica dos seus membros de modo quase religioso. E a psicanálise, nesta situação, está sujeita ao risco de ver a dimensão ideológica de seu saber enaltecida em detrimento da dimensão científica.

A universidade, sem dúvida, é uma instituição que tem uma função para a psicanálise, mas pode ser seduzida pelo discurso universitário mais do que qualquer outra instituição. Discutiremos um pouco mais sobre isso logo adiante. Porém, se há um ideal de diversidade, uma exigência de não-uniformidade, pode-se cair na situação de permissividade pouco produtiva. A proposta de transformar a instituição psicanalítica em um Outro do analista após a destituição subjetiva do final de análise já foi esboçada diversas vezes em outros contextos. Certamente, a universidade não preencheria os requisitos para essa função, mas que características poderiam reger a ambição psicanalítica dentro da universidade?

Tentaremos, portanto, mostrar que o saber suposto, com o qual o analista opera na clínica e que gera efeitos transferenciais a ser dissolvidos, implica a exigência da demonstração em um saber exposto.

Enquanto as instituições psicanalíticas tendem a estudar a formalização que os mestres nos proporcionam, adotá-la como dogma e avançar o saber a partir daí, cabe à universidade **demonstrar** os passos mediadores envolvidos em cada afirmação. Como um centro que visa a legitimar o saber, a universidade não pode se dar por satisfeita com a repetição da doutrina nem com a defesa intransigente daqueles dogmas, mesmo que isso implique fazê-la andar a reboque da produção de saber realizada por outras instituições.

O trabalho acadêmico deve, assim, levar a interrogação teórica até um ponto de **obstáculo**, ou até a certo ponto onde um obstáculo possa ser vislumbrado. Esse ideal científico há de estar no horizonte. Para tanto, é necessário sustentar a interrogação com muitos casos e exemplos para que a generalização científica não seja apressada, isto é, ideológica.

Observamos tal fato hoje em grande escala na propagação das neurociências, por exemplo. A indústria cria um objeto-droga (*Prozac* ou outro qualquer) que, ao ser colocado como um Outro a quem o saber médico pode se dirigir, termina por dar valor de verdade à idéia de que a oscilação de humor seja devida a um neurotransmissor. A partir daí, esse neurotransmissor passa a ser um significante poderoso que sustenta essa aplicação do saber e produz, como resultado mais marcante na cultura, a recuperação do prestígio do médico diante das doenças mentais. O resultado da articulação desses elementos é a produção de um sujeito totalmente identificado com esse saber. Os médicos voltam a se sentir mais médicos, menos oprimidos pela militância psicanalítica no campo da saúde mental.

Uma moldura assim é característica do discurso universitário, que não interroga a mestria dos significantes e se limita a aceitar a sua determinação. A atitude científica a que estamos nos propondo é a indicada pela existência do discurso do analista: a de abrir o poder do significante até um ponto em que essa mestria possa ser ao menos vislumbrada.

No campo do exemplo anterior, não se admite, é claro, a idéia da ciência como ideologia da exclusão do sujeito. O reducionismo das argumentações vem se mostrando tão flagrante que muitos expoentes desse ramo científico têm saído em defesa de outras determinações – sociais, psicológicas – para as doenças mentais, justamente para preservar seu campo científico e torná-lo respeitável. E se há uma recusa em levar a interrogação até aquele ponto de obstáculo, as afirmações se tornam slogans ideológicos.

No exemplo em questão, o discurso universitário sustenta o que Allouch (1989) chamou, magnificamente, "solidariedade" entre o texto científico e "a ação mágica do objeto que a ciência pretende introduzir". Há aí uma "cegueira ideológica camuflada no aparato conceitual".

Com relação à psicanálise, a incidência do discurso universitário na clínica se torna perversa, pois além de não levar a análise até seu obstáculo, ela passa a persuadir o analisando a partir do saber do analista. O sujeito saberá tudo sobre seu fantasma, terá o gozo nomeado, mas viverá fantasmaticamente. Nesse caso, o saber ficou perversamente exposto.

A complicação do discurso universitário é, então, o fato de ser voltado para o universal, um saber replicado e, por isso mesmo, sabido. Já o discurso analítico é particularizado, construído por um sujeito. Como tal, não é sabido porque é exatamente de um. Esse um sabe explicar, por exemplo, no caso da depressão, suas variações de humor e mesmo os efeitos variáveis de um mesmo medicamento. Ele sabe que ali há sujeito. No discurso universitário, o saber já está constituído e, se levado para a clínica, servirá de barreira para a emergência da verdade daquele sujeito particular. Porém, é aí que reside seu grande fascínio: o de garantir uma identidade arduamente almejada, principalmente pelos analistas.

Paradoxalmente, a universidade pode estar em uma posição mais privilegiada que as demais instituições na luta contra os efeitos "tóxicos" do saber. Não é à toa que Lacan fundou, em 1976, o Departamento de Psicanálise de Paris VIII, com o intuito de "estimular a Escola, servir-lhe de aguilhão".

Observamos que a nossa universidade está muito longe disso, mas uma das aguilhadas que lhe serão benéficas pode ser contra essa "intoxicação" pelo saber. Ou seja, em um trabalho acadêmico, a "mania" deve ser esvaziada em função do rigor que explicita as mediações do pensamento.

Para alcançar tal objetivo, isto é, para "manter a vocação científica da psicanálise", a estratégia que temos tentado adotar é a de aprimorar a delimitação de um problema de pesquisa ou uma indagação que questiona afirmações tomadas como verdades. Agindo assim, pretendemos evitar a todo custo o apego a uma citação desenfreada ou a demonstração de sabedoria. Tentamos, enfim, esvaziar o narcisismo (nosso e de nossos alunos) a favor da castração, privilegiando uma construção sustentada pela questão norteadora do estudo, pois acreditamos que essa questão desencadeará uma transferência em relação aos textos e ao tema de investigação.

Em outras palavras, a formalização muito acabada e freqüentemente enigmática do Outro acaba cedendo lugar ao exercício do próprio autor. Ao contrário, é a partir da clareza da questão que o campo da abrangência do significante poderá ser mais bem delimitado.

Para concluir, deve-se dizer que a universidade tem um papel específico em relação à inserção da psicanálise na cultura. Certamente, a maneira como os professores irão provocar uma transmissão dependerá do modo como saíram das próprias análises. Mas acreditamos que essa é a condição para que a consistência do discurso universitário e a servidão aí implicada possam ser esvaziadas pelo confronto com o discurso do analista.

Referências

ALLOUCH, J. *Letra a letra: transcrever, traduzir, transliterar.* Rio de Janeiro: Companhia de Freud, 1989.

FREUD, S. Mal-estar na cultura (1929). In: FREUD, S. *Edição Standard Brasileira das Obras Psicológicas Completas de Sigmund Freud.* Rio de Janeiro: Imago, 1974.

GARCIA, C. Do sintoma ao sinthome. *Revista da Letra Freudiana*, v. 15, n. 17/18. Rio de Janeiro: RevinteR, s.d.

ISSA, M. G V. N. *Identificação e enlaçamento social em Freud.* Dissertação (Mestrado em Psicologia) Faculdade de Filosofia e Ciências Humanas, Universidade Federal de Minas Gerais, Belo Horizonte, 1997.

LACAN, J. O Seminário. *Livro XVII. O avesso da psicanálise.* Rio de Janeiro: Jorge Zahar Editor, 1992.

LACAN, J. *Televisão.* Rio de Janeiro: Jorge Zahar Editor, 1993.

LAURENT, E. Instituición del fantasma, fantasma de la instituición. *Revista Estudios Psicoanaliticos: Hacia la clinica delas suplencias.* Buenos Aires, s.d.

MILLER, J.-A.; DESSAL, G. Sobre el psicoanalista. *Letra*, 24, 69-77. Buenos Aires, s.d.

Política da psicanálise:
clínica e pesquisa¹

Este artigo discute a política, a estratégia e a tática, categorias formalizadas por Lacan como operadores dos princípios éticos que fundam a psicanálise como teoria do inconsciente, prática clínica e método de pesquisa. O texto enfatiza que há uma dessimetria entre a política da psicanálise, que visa à singularidade das soluções encontradas pelo sujeito ao lidar com os impasses do gozo, e a mestria dos outros laços sociais, especialmente a do discurso da ciência, que se sustenta na forclusão do sujeito. Argumenta, ainda, que a mesma política deve ser sustentada em relação à vertente metodológica da psicanálise, qual seja, a de mostrar que, se a precariedade do simbólico é condição importante para o desejo, para o aparecimento do real e da verdade do sujeito, a psicanálise não pode, entretanto, desvirtuar-se para se encaixar nas exigências dos ideais científicos. Por isso cada pesquisa em psicanálise possibilita a subjetivação da teoria, atualizando a castração vivenciada na experiência analítica com a linguagem.

> Compreendemos bem um organismo biológico quando vemos nele apenas um feixe de funções e órgãos que se submetem a padrões gerais de mensuração e quantificação? Esta vida não seria apenas o exemplo de uma razão que se transformou em princípio de dominação e controle da vida, ou seja, naquilo que um dia Foucault chamou de biopoder? Se assim for, então o verdadeiro saber sobre a doença é indissociável de um impulso de politização da clínica.²

---

1 Para Maria Fernanda Machado e Guilherme Massara Rocha.
2 Vladimir Safatle, citando G. Canguilhem, revista Cult, n. 103, ano 9, p. 46, 2006.

1. Considerações preliminares: a singularidade como parâmetro da ética e da política

A partir do momento que a vida deixou de ser supostamente regida pelos deuses, a política passa a ser um campo de definitiva importância no estabelecimento de normas de convivência e de ação entre os homens, visando ao alcance de determinados fins através do uso do poder. Obviamente, tais normas e regras de ação implicadas no uso do poder se apóiam em critérios éticos, os quais devem ser claramente perceptíveis no próprio exercício da ação por eles condicionados. Desse modo, toda conduta humana ou todo laço social estão condicionados por valores éticos e políticos que deles podem ser inferidos.

A psicanálise, ao colocar as determinações subjetivas sob o domínio do inconsciente, introduz questões que subvertem o modo de enxergar a ética e a política. Enquanto o sujeito era considerado equivalente à consciência e sua autonomia praticamente aceita como dado natural, as questões éticas e políticas dependiam de um estudo das inclinações do homem para o prazer e para a felicidade. As regras de convivência deveriam ser definidas pelo princípio de realidade compartilhado por todos e submetido ao princípio do prazer. Algo que desse prazer, mas que em um dado momento o sujeito considerasse inexeqüível pelas condições de realidade, deveria ter sua realização adiada até que as condições fossem favoráveis à ação que permitisse o usufruto pretendido e o conseqüente bem-estar. O sujeito deveria estar apto a discriminar tais condições, de modo a evitar o desprazer para si e para os outros, caso insistisse na obtenção do prazer de qualquer maneira. Contudo, Freud demonstrou que o desejo, além de inconsciente, depende do conflito de forças pulsionais que visam mais do que ao prazer, e que a pretensão de alcançar o gozo poderia desconsiderar a realidade e ter conseqüências mortíferas. Como afirmou Lacan em seu seminário sobre a ética da psicanálise, "o bem não poderá reinar sobre tudo sem que apareça um excesso, de cujas conseqüências fatais nos adverte a tragédia" (LACAN, 1988, p. 314). O sujeito opta por um mais além do prazer consentido – com sentido –, exatamente por se ver determinado tanto por uma lei insensata que regeria seu psiquismo quanto por um gozo fora de qualquer previsão. O gozo de cada um se mostra, então, como excesso e como exceção aos ideais preconizados pelo serviço de bens da civilização.

Dessa maneira, ao revelar as determinações inconscientes e caracterizar a consciência como o resultado possível de processos aos quais o sujeito não tem acesso, a psicanálise trouxe uma série de questões para as realizações humanas: Como definir parâmetros éticos a ser seguidos se a consciência não governa o sujeito? De que maneira o sujeito poderia agir em função dos princípios de realidade e do prazer se ele não tem controle sobre as moções pulsionais? Como definir a ética em função do princípio de realidade se, além do prazer, há a pulsão de morte, que sustenta um gozo particular, de cada sujeito, o qual aos olhos desse princípio (o de realidade) parece completamente inadequado? Como pode o sujeito se responsabilizar pelos seus atos se ele não tem consciência do que faz, pelo menos no instante em que faz? E, principalmente, como ele pode se responsabilizar por tais atos se a instância de controle moral foi identificada como o supereu, instancia que ferozmente impõe a culpa pelo simples fato de o sujeito desejar ou que o obriga a ter acesso ao gozo de acordo com uma lei insensata? Se o sujeito não deseja, encontra a depressão; mas se ele recusa a depressão e se deixa levar pela fantasia de gozo, acaba por encontrar a culpa ou por descobrir que seu psiquismo segue o capricho de uma lei instaurada de modo contingente, particular a cada um. O que seria, então, o "normal", a subjetividade comum a todos? Seríamos todos estruturalmente maníaco-depressivos? O mal-estar é inexorável? Como conjugar a exigência de universalidade da ética com as questões particulares do desejo?

A psicanálise é uma prática construída por Freud na época em que ele tentou estender os domínios da ciência moderna aos problemas do sujeito, demonstrando de que maneira ela se constitui como resposta para aquelas questões. A psicanálise, no entanto, subverte o discurso da ciência, pois este funciona pela eliminação do sujeito. O objetivo da ciência é exatamente o de objetivar, deixar o sujeito reduzido a objeto de um saber preestabelecido. Seu discurso, como ressalta a epígrafe na abertura deste texto, tornou-se o exemplo de uma razão que justifica a dominação e o controle da vida. A psicanálise, por sua vez, apóia-se nesse discurso, já que ela é condicionada internamente pela ciência, mas procura introduzir nele o sujeito que foi ejetado para dar consistência ao saber. Ela mantém com a ciência uma relação intrínseca, mas sustenta propósitos éticos diferentes.

Nesse sentido, a situação da psicanálise pode parecer paradoxal. Ela é fruto do corte da ciência moderna, mas não pode se constituir em "abrigo para a ciência" (LACAN, 1974, 1988), pois, se assim fosse, ela desapareceria como clínica, já que seus pressupostos éticos estariam eliminados. Trata-se, então, de um corpo do conhecimento que, ao mesmo tempo que se constitui como um método de pesquisa sobre a subjetividade, também é uma teoria e uma forma ética de tratar essas questões. Questões que não foram simplesmente inventadas pela teoria; mas, antes, possuem existência concreta, pois foram trazidas para a clínica por aqueles que buscam saídas para os impasses encontrados entre as suas expectativas e as do discurso social, especialmente comandado pela ciência, pelo capitalismo e, também, pela religião. A psicanálise é uma prática em que cada sujeito acaba por dissolver o aparente paradoxo contido na relação entre um saber científico definido *a priori* e a solução contingente encontrada como saída para os impasses.

A clínica, a teoria de Freud, e especialmente a releitura efetuada por Lacan sobre as características do sujeito que a ciência moderna pode nos mostrar impuseram uma mudança radical de perspectiva na compreensão e no trato das questões éticas. A psicanálise revela como a linguagem e o gozo que condicionam a particularidade de cada um têm regimes definidos a partir do Outro. O sujeito, por se constituir pelo significante que lhe é atribuído pelo Outro, já nasce estrangeiro, descentrado de uma coincidência consigo mesmo (MARINÉ, 2006). A alteridade é, assim, uma característica própria do significante. Isso significa que o inconsciente é o discurso do Outro, isto é, um discurso que funciona na determinação do sujeito antes que este se aproprie dele. Exatamente por se constituir como discurso do Outro, como sede dos valores e comandos de uma determinada cultura, o inconsciente se revela como um laço social diferente em cada momento da civilização. Em cada momento simbólico podemos ter produções discursivas diferentes, as quais determinam posições subjetivas diferentes. Daí que, tratar das questões do sujeito significa, também, a possibilidade de ler os efeitos e as características do controle social concretamente presente. É por isso que a resposta clínica a ser dada pela psicanálise varia com o passar do tempo, pois seu interesse é proporcionar que cada sujeito construa um modo próprio de lidar com os impasses impostos pela formação discursiva daquele momento da civilização. Isso significa que a psicanálise se posiciona politicamente, por ser, de fato, um laço social que se dispõe a tratar esses impasses como efeitos de um dado movimento simbólico. O desejo do analista não é puro, nem mesmo neutro (BROUSSE, 2002). Ele já traz uma marca política, pois visa alterar os efeitos tirânicos do significante que colocam o sujeito em sofrimento. Por isso mesmo a psicanálise procura ser uma clínica criativa e inventada a partir de cada analisante.

Vale ressaltar que essa opção, por si só, já denuncia uma política da psicanálise diante das outras formas de laço social: insistir em sua função clínica.

Podemos perceber, assim, por essa breve introdução da problemática e da resposta trazidas pela psicanálise, que ela se dá a partir de uma ética, e que a sustentação dessa prática clínica e desse método de pesquisa envolve, necessariamente, uma política. Entretanto, o fato de o inconsciente se alterar em função de determinado momento da civilização implicaria que a ética e a política da psicanálise deveriam também variar de tempos em tempos?

2. A política como operador do princípio ético

Podemos antecipar nossas conclusões e afirmar, com base em Brousse (2002), que, dada a estrutura do discurso do analista, agenciada pelo objeto – causa do desejo –, a psicanálise será sempre politicamente incorreta. Seus modos de operação com os impasses do mal-estar são diferentes das propostas da ciência e da religião, discursos dominantes na atualidade. A psicanálise, ao se posicionar pela implicação do sujeito em seu ato, caminha em direção contrária ao que o senso comum, ditado por uma época de ciência e de religião, exige. Aforisticamente, afirmamos até que fracassar diante do sucesso da religião e da ciência é, ao contrário, seu "amargo triunfo". Contudo, a constatação de que a psicanálise deve se preservar a partir da clínica e não se abrigar na ciência permite deduzir que ela não comporta a possibilidade de fazer pesquisa? Seu modo de pesquisa também se constituiria como exceção?

Antes de responder a essas questões é necessário esclarecer algumas diferenças conceituais, porque queremos enfatizar mais o aspecto da política, embora a ética que a sustenta seja uma condição inerente.

De acordo com Maria Fernanda Machado (2006), podemos distinguir os campos da ética e da política e estabelecer de que forma a psicanálise contribui para o entendimento das questões pertinentes colocadas tanto pela filosofia quanto pela leitura do sujeito e do entorno social. Resumidamente, podemos afirmar que a ética da psicanálise visa à singularidade do sujeito, sua particularidade de gozo e desejo contra qualquer pretensão universalizante dos outros discursos. O que é compartilhado por todos, definido pelo senso comum e funciona de acordo com o discurso do mestre não se coaduna com a psicanálise. Há aí uma dissimetria entre o regime de exceção do sujeito e a mestria que define o que seria melhor para todos, que acaba por produzir o trauma e a marca do trágico que precisam ser trabalhados em análise. Há um conflito de interesses políticos que pode ser dirimido e subjetivado a partir de um trabalho com os significantes "sempre estrangeiros" que exercem mestria sobre a subjetividade. Podemos dizer que a política da psicanálise parte do não-todo e até pode catalogar ou classificar modos de gozo ou padrões de sintomas a partir do singular. A saída singular permite a leitura da mestria da razão dominante a partir da singularidade, mas a direção contrária – a de impor uma solução universal – seria arbitrária e impositiva.

Essa pretensão é estendida também para outros espaços além do consultório, e mesmo que ela não se realize em instituições da mesma forma como ocorre em uma psicanálise pura, o analista busca o "tratamento possível", ancorado nessa política.

Mas como podemos definir, então, a política da psicanálise? Penso que é possível dizer, a partir da proposta de Machado (2006), que a política é um operador na sustentação dos princípios éticos da psicanálise. Operador em sentido matemático (CASTRO, 2006, p. 115), isto é, o índice de uma operação que "se efetua sobre uma variável ou uma função" – nesse caso, a presença real do analista como suporte da causa do desejo, não um índice de regras simbólicas preestabelecidas.

No início de seu ensino, Lacan (1958) definiu a presença do analista a partir das categorias de Clausewitz sobre a guerra: *a política, a estratégia e a tática*, empregadas na direção do tratamento. Com isso Lacan colocou em xeque a idéia do ser, ao demonstrar que o sujeito era efeito de significantes, apenas o que um significante representava para outro significante. A idéia de representação de um sujeito para outro sujeito foi, entretanto, radicalmente questionada. O sujeito perdeu sua essência e ficou, assim, esvaziado de sua psique, definido pelo intervalo das articulações significantes. O laço social, antes de se concretizar pela relação entre os seres, estabelece-se precariamente sobre a ausência de uma essência. Revelava-se, então, que a condição para a ocorrência do desejo era, exatamente, a falta-a-ser. E se essa é a condição básica para o desejo, deve ser a partir dela que o analista consolida sua política de intervenções, seja na situação clínica, seja nas instituições.

Podemos formular, então, a partir da afirmação de Foucault em uma entrevista sobre Lacan, que "a influência que se exerce não pode ser jamais um poder que se impõe" (FOUCAULT, 1994, p. 1024), que a *política* do analista deve ser a da recusa em exercer o poder que lhe é conferido e até mesmo demandado pelo paciente.³ Somente na abstinência do exercício do poder e na sustentação da causa do desejo através de sua presença real é que o analisante pode ser induzido a um movimento de criação de saídas próprias para seus impasses. Em outras palavras, o analista "conduz a análise sob a condição de abster-se do gozo de sua condição egóica" (MASSARA, 2006, p. 47), de modo a permitir a invenção por parte do analisante. Mesmo que recorra ao discurso do mestre, ele o faz taticamente, pois em última instância o analista visa ao giro dos discursos e ao agenciamento pela causa do desejo. A partir da falha que permite essa rotação dos discursos, ele opera em favor da contingência, evitando a redução do sujeito a um caso particular do saber universal da teoria.

Tendo essa condição em mente, o analista expande seu raio de ação além dos limites do consultório. Claro que sua ação pode sofrer constrangimentos, dados os limites encontrados em uma instituição, por exemplo. Mas como Lacan afirmou para o caso das psicoses, ele não deve recuar, mas sustentar o que chamou "tratamento possível".

Lacan formalizou, então, uma maneira de conceber uma política do analista que visasse permitir ao sujeito aceder à singularidade de seu desejo, incluindo ainda as categorias de estratégia e tática. A estratégia é a da transferência e a tática seria o campo da interpretação, categoria cujos limites seriam mais amplos, possibilitando ao analista maior liberdade de ação para manter sua política e, conseqüentemente, preservar sua ética.

---

³ Michel Foucault em entrevista sobre Lacan (*Dits et écrits*, p. 1024).

A *estratégia* se define pelas peculiaridades do amor de transferência. Por essa via, o sujeito, ao encaminhar suas demandas ao analista, pode verificar na própria pele os mandamentos significantes que lhe impunham um lugar diante do desejo do Outro e efetuar uma redução do investimento libidinal desses mandamentos. Ao demandar soluções e a reciprocidade no amor dirigido ao analista, ele encontra seu modo de gozo e o paradoxo da exigência de que o Outro seja consistente em sua maneira de exercer a mestria sobre ele. Ele não quer perder a dor de seu sintoma, pois perdê-la significa destituir o Outro do comando e assumir sua singularidade. O analisante deve, assim, deixar de amar seu inconsciente!

Como esse efeito só é possível a partir dos significantes da história do sujeito, não é eficaz o analista atuar com base em seus preconceitos ou a partir dos significantes da teoria. Ou seja, não existe a metalinguagem, uma linguagem apropriada, construída pelo Outro, que diga a verdade sobre a verdade do sujeito. Apenas pela experiência com os próprios significantes de sua história o sujeito poderia construir um saber que se posicionasse como sua verdade, única, intransferível e apreendida nos atos falhos, no instante do fracasso da tentativa de se verificar pleno, representável.

Os princípios éticos e políticos podem e devem ser mais bem definidos, à medida que os analistas consigam definir sua prática e teoria de modo cada vez mais afinado com a ética, não se esquecendo de levar em conta, ainda, os movimentos simbólicos da cultura na qual se inserem. Penso que podemos afirmar que mesmo nos momentos finais da teorização de Lacan, em que ele ressaltou a presença de um saldo de gozo nas análises – irredutível ao deslocamento significante, de modo a seguir a lei do desejo –, os princípios se mantêm. No final de sua vida, ele se dedicou a mostrar que o sujeito não apenas é irrepresentável pelo simbólico, mas também que o simbólico não recobre a pulsão. Além da não representação do sujeito, Lacan acrescenta um limite à possibilidade de ler o inconsciente, dada a própria natureza de sua estruturação. Há um desaparecimento da combinatória significante, um furo na constituição do sujeito, que implica a ausência de sentido, a presença de algo que não se dá a ler. Isso resulta na impossibilidade de pensar o ser sem o gozo que extrapola a função fálica que organiza o inconsciente. Em outras palavras, o falo não funciona todo, o que faz aparecer o sem sentido e o acaso para além da lei que rege o inconsciente, abrindo a possibilidade da solução contingente. É desse ponto que Lacan termina por rejeitar toda ontologia (ALMEIDA, 2006) do ponto limite que mostra a existência de Deus e do gozo feminino.[4]

Mesmo com essas novas considerações, pode-se dizer que a política e a estratégia se mantêm. O que a evolução da clínica e da teoria psicanalítica tem mostrado é que a variação tática tem sido cada vez maior. Isso é explicável porque, além das mudanças sociais e econômicas que impõem restrições de mercado, os analistas têm se envolvido cada vez mais em hospitais gerais, sistemas penitenciários, postos de saúde e ONGs, enfim, em qualquer lugar onde a ética da singularidade do sujeito pode ser levada. E é vital para a psicanálise que seja assim, pois ela deve mostrar sua especificidade no enfrentamento de questões concretas, indicando a importância de levar em consideração o jogo pulsional que sustenta as ações do sujeito.

Assim, a *tática* deve variar mesmo em cada situação particular. A estratégia da transferência pela via da suposição de saber (e a conseqüente atribuição de poder ao analista), a política da falta-a-ser (se a pensarmos pela via da constituição simbólica ou do desejo), que se pode traduzir em uma política da criação a partir do *sinthome* que confere ao analista um modo de lidar com o acaso e a contingência (caso a pensemos pelo saldo de gozo de uma análise), mantêm-se ainda no horizonte.

3. Política da pesquisa: legitimação do método e atualização do modo como a castração da teoria é subjetivada

E a pesquisa em psicanálise? Como podemos pensar sua política de modo coerente com a ética que sustenta sua clínica?

Dissemos anteriormente que a psicanálise é, em si mesma, um método de pesquisa. Como caracterizar esse método se o analista não

---

[4] Há um excedente pulsional que existe à escritura, o qual revela a presença do gozo chamado feminino, por não se incluir todo na legislação fálica. Lacan, desde o seminário sobre "A carta roubada", afirmava que a operação com a letra implica uma feminização porque toca no limite da escrita e libera um gozo não delimitado. Quanto à ontologia, ver Vladimir Safatle em A paixão do negativo: Lacan e a dialética, editado pela Fapesp/Unesp em 2005. Esse autor propõe uma "ontologia negativa", a do excedente pulsional que não se inscreve como saber.

se forma apenas através da aprendizagem da teoria e do domínio dos conceitos? Ou melhor, como dominar um método que inclui, necessariamente, o campo da contingência? O alcance dos conceitos só se dá pela própria experiência com a linguagem, com sua precariedade em apreender o inconsciente. O inconsciente é uma linguagem que só pode ser verificada nos momentos em que o sujeito encontra a impossibilidade de acessá-la de modo integral. Os atos falhos, o inacabamento das construções realizadas dão conta de que a verdade se presentifica de modo contingente, como um *flash* que "surpreende" o sujeito.

Isso implica que o modo de abordagem do real que a psicanálise revela é inédito no campo científico. Esse modo do real aparece pelas bordas do que foi estabelecido como linguagem com a qual tentamos concretizar uma comunicação. A ciência progride pela tentativa de escrever, colocar em letras e fórmulas o real a ser controlado, previsto e manipulado. Ela opera sobre o real pela manipulação dessas fórmulas, e os protocolos utilizados nas pesquisas padronizam os procedimentos, tornando-os universais, para que os efeitos sejam válidos para todos os sujeitos. Há um saber no real que possibilita esse procedimento. Já a psicanálise, exatamente porque pretende incluir o sujeito no discurso da ciência, revelou que o real aparece como trauma, como um excedente em relação ao que se organizou como linguagem. Isto é, há um excesso de investimento que se mostra como fuga do sentido, como o que derrapa do que se escreve na constituição do aparelho psíquico. O real aparece, assim, como fuga do que se inscreve como saber (MILLER, 2001).

O sujeito fala e produz a escritura constitutiva do aparelho psíquico, mas denuncia haver um excedente que parasita o que se organizou como linguagem do inconsciente e que escapa à apreensão da escrita. A tática do analista visa diminuir justamente a distância entre o enunciado e a enunciação, de modo que o ato impeça a fuga do sentido. O sintoma é uma forma de lidar com essa fuga, arranjando esse conjunto de elementos díspares, designado por Freud como solução de compromisso entre várias exigências pulsionais. O sintoma é, de fato, um retorno da verdade. Ele mostra que há um real insuportável e, mais importante, embora pareça óbvio, mostra que há sujeito. Assim, um sintoma pode ser aparentemente idêntico para todos os sujeitos, como um TOC, por exemplo. Porém, o sentido é contingente, particular a cada um. Não existe uma maneira de fazer um protocolo psicanalítico!

Lacan nos lembra que talvez ocorra o mesmo na natureza, que ela fale a seu modo. Ele se pergunta, por exemplo, se a poluição não seria um sintoma a indicar a presença de um trauma, um excedente na manipulação das fórmulas que definem o real. Pode ser o modo de a natureza se pronunciar e devemos aprender a ler as conseqüências de nossas intervenções científicas.

É importante frisar, então, que Freud mostrou que o sexual é o real com que a psicanálise lida, por se constituir como impossível de escrever, mas cada sujeito cria um arranjo para lidar com essa impossibilidade.

A psicanálise se constitui, então, como um método que não se apóia em uma metalinguagem, no uso de fórmulas que definem e manipulam o real, como pretendem as terapias ditas científicas. Ela visa à apropriação do que é dado pelo Outro, mas de modo singular. Ela visa, assim, à subjetivação, à invenção de modos alternativos e singulares de lidar com a verdade, já que o sentido de cada sintoma é único, mostrando a presença de um sujeito. Suturar o sujeito através de uma linguagem exterior a ele seria, exatamente, eliminar o sujeito ao reduzi-lo a objeto do saber. Insisto mais uma vez que a "verdade para a psicanálise não é, então, a do aparato simbólico construído, mas exatamente a impossibilidade de o sujeito se representar nesse saber, seja na pesquisa clássica, seja na associação livre" (PINTO, 1999).

A política de pesquisa em psicanálise deve estar também coerente com seus princípios éticos. A constatação de que a psicanálise não deve procurar o abrigo da ciência para sobreviver em uma época de exclusão do sujeito não significa que ela deva se isolar do campo científico ou se manter em uma posição histérica de denúncia dessa exclusão na mestria dos discursos, seja o da ciência, seja o universitário. Ao contrário, a psicanálise deve participar conjuntamente de esforços de pesquisa, contribuindo para mostrar de que maneira o alinhamento do sujeito com a causa de seu desejo pode redefinir o peso dos fatores em jogo no seu sofrimento.

Por que recusar a escuta como instrumento de pesquisa? Por que não obter indicações da presença do discurso do mestre, mesmo que não adotemos as táticas clínicas que retifiquem a posição do sujeito em relação aos ideais do Outro? É claro que ela deve manter suas características específicas, entre elas o fato de que aqui o pesquisador se localiza como um analisante. Ele está em transferência, movido pela fala do entrevistado ou pelas lacunas de um texto. O pesquisador está em suposição de saber no momento de obter seus dados e construir seus relatórios de pesquisa. Diferentemente da função de conduzir uma análise, ele participa como alguém que produz saber a partir de um enigma, que levanta problemas e tenta soluções teóricas para dar conta dos dados encontrados com sua escuta. O pesquisador está fora da função de sustentar a causa do desejo para um outro. Ao contrário, o tema da pesquisa ou o texto teórico é que estão no lugar da causa de seu desejo, movendo-o, como faz com o analisante.

Confundir esses lugares tem conseqüências complicadas na clínica. O caso do "Homem dos lobos", por exemplo, pode esclarecer o que acontece com o analisante quando o desejo do analista se confunde com o desejo do cientista. Freud sancionou o saber do Outro e, ao expor o saber, abortou o trabalho de elaboração do paciente. Esse trabalho deveria continuar através da constância pulsional que não cedia, de modo a permitir o franqueamento em relação à causa do desejo ou alcançar uma maneira possível de viver para aquele sujeito. Freud acabou por impedir a construção singular do paciente em favor do saber de sua ciência. Ele atuou como cientista, ao transformar o analisante em caso de prova de seus argumentos teóricos, impedindo a solução contingente.

Não cabe aqui discutir aspectos da formação do pesquisador/analista, mas é importante deixar claro que se trata de alguém em função de analisante que passa ou passou pela psicanálise pura, isto é, que vivenciou a experiência de linguagem marcada pelo trabalho de rotação dos discursos. Trata-se de alguém que verificou, na própria pele, que todo conceito porta um inacabamento, uma precariedade em apreender a verdade. Assim, a pesquisa deve também levar em conta que pode ser mais importante subjetivar a teoria do que demonstrar o rígido encadeamento sistemático dos conceitos e o conseqüente formalismo acadêmico (MILÁN-RAMOS, 2005). A sua política não permite acatar os padrões de julgamento científico condicionados por uma razão que se legitima pela naturalização dos seus dispositivos. O discurso dominante insiste em padrões de procedimentos de pesquisa, como se naturalmente houvesse apenas um modo de produzir saber. Não se trata, portanto, de fazer pesquisa adulterando sua singularidade para se encaixar na razão dominante. A psicanálise deve, ao contrário, manter seu lugar de exceção dentro do campo científico, mostrando que é exatamente a angústia da desestabilização dos conceitos, das lacunas teóricas, que coloca o sujeito em movimento, como acontece com um analisante. A partir dessa precariedade do funcionamento fálico é que o analisante/pesquisador pode deixar os significantes trabalhar e permitir o aumento das opções de escolha coerentes com as formas de aparecimento da verdade.

Mantendo-se no horizonte a perspectiva da política adotada na clínica, podemos concluir que o esforço de pesquisa deve se centrar no questionamento do poder do significante em cristalizar realidades e identidades aparentemente inabaláveis. Esse significante é chamado mestre por sustentar um saber que se apresenta como inequívoco, como "um fato que fala por si mesmo", um fato que portasse a verdade sem qualquer questionamento. Assim, a política que estamos propondo para a pesquisa é a indicada pelo discurso do analista: a de entrar no debate com os outros discursos, de modo a demonstrar o poder do significante até um ponto em que sua mestria possa ao menos ser vislumbrada.

Podemos concluir, assim, que a política de pesquisa em psicanálise busca alcançar dois objetivos. O primeiro se refere à legitimação da particularidade da vocação científica da psicanálise. Tomando a situação de psicanálise pura como referência, podemos dizer que ela se legitima impondo sua singularidade diante dos ideais acadêmico-científicos. O segundo objetivo enfatiza que, mais do que dominar um conjunto de dados ou uma teoria, o pesquisador renova o modo como incorporou a teoria a partir de cada pesquisa realizada. Ao verificar a inexistência de uma linguagem que dê conta de enunciar a verdade de modo integral, seja se submetendo a uma psicanálise, seja como pesquisador, resta ao sujeito seu lugar de exceção em relação aos ideais do Outro. Como afirmou Freud, concluindo seu relato sobre o pequeno Hans: "nosso jovem investigador simplesmente chegou um pouco cedo à descoberta de que todo o saber é um monte de retalhos, e que cada passo à frente deixa atrás um resto não resolvido" (FREUD, v. X, p. 107). Ou seja, resta a impossibilidade de um saber sobre a relação sexual. Passar pela experiência da linguagem em uma análise é o único modo de verificar tal castração. Do mesmo modo, cada pesquisa pode atualizar a castração, favorecendo, a cada vez, a subjetivação da teoria.

Referências

ALMEIDA, B. G. *A ética desde Lacan: os impasses do real e os usos do gozo.* Tese de Doutorado defendida no Programa de Pós-Graduação em Filosofia, UFMG, 2006.

BROUSSE, M. H. *O inconsciente é a política.* São Paulo: Escola Brasileira de Psicanálise, maio de 2003.

CASTRO, J. E. *Conseqüências éticas da teoria lacaniana dos discursos no ensino da psicanálise.* Tese (Doutorado em Teoria Psicanalítica) – Universidade Federal do Rio de Janeiro, Rio de Janeiro, 2006.

FREUD, S. Duas histórias clínicas. In: *Edição Standard Brasileira das Obras Psicológicas Completas de Sigmund Freud (Vol. X).* Rio de Janeiro: Imago Editora, 1974.

LACAN, J. A direção da cura e seus princípios de poder (1958). In: *Escritos.* Rio de Janeiro: Jorge Zahar, 1988.

LACAN, J. *O seminário: livro VII – a ética da psicanálise.* Rio de Janeiro: Jorge Zahar, 1988.

LACAN, J. La tercera (1974). In: *Intervenciones y textos*, n. 2, 73-108. Buenos Aires: Ediciones Manantial, 1988.

MACHADO, M. F. *Do particular ao plural – as políticas da psicanálise na direção da cura.* Dissertação (Mestrado em Psicologia) – Faculdade de Filosofia e Ciências Humanas, Universidade Federal de Minas Gerais, Belo Horizonte, 2006.

MARINÉ, L. *A leitura e a escrita na experiência analítica.* Texto apresentado em evento preparatório ao Colóquio Internacional – A Escrita da Psicanálise, UFMG, 2006.

MASSARA-ROCHA, G. Ética e técnica em Lacan: alguns apontamentos. In: CARVALHO, A. C. e FRANÇA, C. P. (Orgs.). *Estilos do xadrez psicanalítico.* Rio de Janeiro: Imago, 2006.

MILÁN-RAMOS, J. G. *Passar pelo escrito.* Tese (Doutorado) – Instituto de Estudos da Linguagem, Universidade Estadual de Campinas, Campinas, 2005.

MILLER, J. A. Um real para a psicanálise. *Opção Lacaniana*, São Paulo, 2001, n. 32, p. 15-18.

PINTO, J. M. A instituição acadêmica e a vocação científica da psicanálise. *Psicologia: reflexão e crítica*, Porto Alegre, 1999, v. 12, n. 3, p. 681-695.

Há algo novo no amor...[1]

Este texto é a transcrição de um seminário ministrado na linha de pesquisa Literatura e Psicanálise do Programa de Pós-graduação da Faculdade de Letras da UFMG, a convite de Lúcia Castello Branco e Ruth Silviano Brandão, em 18/5/1991. A "carta" aqui transcrita reafirma, mais uma vez, minha admiração por elas, inclusive pela capacidade de sustentação de uma área de pesquisa que já formou um grande número de escritores e teóricos da letra envolvidos com a psicanálise.

Sabemos que a psicanálise começou com a solicitação das histéricas para ser ouvidas. Freud, sem dúvida, não recuou diante de tal solicitação e pôde, exatamente por isso, construir um novo discurso.

Até então, imperava categoricamente o discurso da ciência e, como cientista, Freud era um sujeito que amava o saber. O mistério das histéricas o intrigava e, inicialmente, posicionou-se diante delas como agente de um discurso dirigido para a produção de um saber – S_2 – que desse conta desse mistério.

$$\frac{\cancel{S}}{a} \longrightarrow \frac{S1}{S2}$$

Contudo, o amor ao saber implica que as questões do sujeito têm que ser eliminadas em favor de uma acumulação de relações de significação infinita. Nesse caso, não há a intromissão de um sujeito e da causa de seu desejo para colocar um basta nesta análise infinita das possibilidades de significação. Produz-se um saber que não comporta a singularidade

---

1 Para Lúcia Castello Branco e Ruth Silviano Brandão.

que faz a paixão de cada um, e constrói-se um código que se pretende cada vez mais universal para aquelas significações. Freud percebeu, então, que as histéricas, em seu mal, faziam como a ciência: eliminavam aquilo que as faziam desejar e se escondiam em um amor que elimina a causa do desejo.

$$\frac{\mathcal{S}}{a}$$

Diante da "loucura" de uma histérica apaixonada pelo seu médico, Freud resolveu alterar o seu lugar na cura. Seu grande mestre retirou-se para uma viagem com sua mulher, constrangido que estava com a fala imaginativa de Anna O. a respeito de um filho que estaria esperando como fruto de um amor com o Dr. Breuer. Em vez de recuar diante de uma paixão avassaladora, Freud resolveu escutar e se posicionar como página em branco, para que surgisse ali uma nova escrita.

Durante algum tempo achou que sua mudança era apenas técnica. Até 1920 assumia o lugar de um Pai, provedor das significações ausentes, a fim de possibilitar ao falante a construção de um texto sem as lacunas que produziam os sintomas. Continuava mostrando ao mundo que as demandas eram "apenas" demandas de amor. Bastaria a compreensão dessas "exigências infantis" para que a saúde tão almejada fosse de fato atingida. Descobria aos poucos o papel do amor na cura das histéricas.

Por isso mesmo, paralelamente, foi se vendo obrigado a criar outros conceitos que satisfizessem às exigências desse novo discurso. Dialeticamente, ia definindo um novo objeto – o inconsciente – caracterizado pela presença de um "saber que não sabe de si" (JURANVILLE, 1987). Ia, assim, construindo uma teoria que o afastava do discurso da ciência. Esse afastamento do ideal das ciências questionava os ideais da relação genital madura, os ideais da eliminação do sintoma pelo acesso à verdade, do redimensionamento do gozo para uma maior satisfação.

Freud ouvia o discurso apaixonado das histéricas e constatava a presença de um gozo irredutível no sentido das palavras. A princípio, então, fornecia os significantes e estes mostravam toda sua potência no deslocamento dos sintomas. Mas algo se revelava indecifrável, sem uma plasticidade necessária para sua transformação em significantes. Até mesmo o falar ao médico sobre os sintomas já demonstrava ser uma forma de gozo. Mesmo assim, Freud nunca abandonava a postura de manejar a transferência a partir do Pai, o instaurador da ordem simbólica edípica. Apesar dos percalços, não recuou em busca de uma mãe que pudesse recobrir o indecifrável com o afeto ou com a paixão recíproca. Era preciso sustentar essa posição e caminhar até onde a psicanálise fracassa em tudo saber ou até o ponto onde o pai não metaforiza o desejo da mãe. O bem-estar e a reciprocidade já se vislumbravam como idealizações inatingíveis.

Tratava-se de uma posição determinada, a de Freud, porque pretendia ir a um mais além. Mais além do princípio do prazer, disse ele. Era preciso não calar diante do não saber ou do que não pode ser dito e fazer um deslocamento do discurso no qual o sujeito pudesse se posicionar de modo diferente no amor.

Essa questão foi também colocada por Lucia Castello Branco: "Nada a dizer diante da imagem que se quer puro ícone. Ou tudo a dizer: repetir, inesgotavelmente, a letra obscena da paixão, esta letra que está no limite da sintaxe, como o amor está no limite da língua" (BARTHES *apud* CASTELO BRANCO, 1991).

Será mesmo inesgotavelmente? Talvez em certo sentido; mas ela mesma diz que deve haver aí um sujeito que põe um basta. Lucia nos diz isso na mesma página de sua apresentação:

"Um texto que, por ser outro, não deve e não pode ser este que aqui apresento a vocês. Porque agora eu quero ver o texto de vocês, na sua singularidade, na sua beleza ou na sua estranheza. O texto implicado (e não aplicado) com seus objetos de estudo, o texto implicado com os desejos de vocês".

Interessante é que ela me fez ler isso. Ou seja, a mesma mensagem/ *lettre* que ela lhes enviou, enviou-a também a mim. E fez-me trabalhar na produção desse texto implicado com meu objeto de estudo e com meu desejo. Como, então, se revela a paixão do psicanalista? Pela tentativa de colocar algo novo no amor: um amor sem seu poder fálico, isto é, amar a partir do puro nada. Vamos tentar desenvolver um pouco mais essa novidade (que pode até ser familiar...).

Tudo isso que contamos a respeito da coragem de Freud diante do amor está marcado pela letra. Freud era médico e cientista e foram necessários quatrocentos anos de ciência para que a psicanálise, como disciplina, fosse postulada e posteriormente formalizada por Lacan.

Com sua bagagem médica e científica, Freud se valeu de conceitos físicos e biológicos como instinto, força, repressão, energia etc. Mas o sentido destes conceitos era outro porque estavam sendo produzidos a partir de um outro lugar. Apesar de significantes emprestados, o lugar da enunciação lhes conferia outros significados e já caracterizavam um outro discurso. Como aconteceu com Lacan ao utilizar os conceitos da lingüística, por exemplo.

A história contada por Freud começa, então, pela biologia, através de um triângulo amoroso entre pai, mãe e filho, mas que nada tem de biológico. Freud se horrorizou diante disso e "nem sempre foi freudiano". Parecia ter um conceito de normalidade que dirigia suas interpretações, no sentido de corrigir tantas "anomalias" que ia encontrando na sua clínica. Imaginava que a terapêutica poderia fornecer um pai mais saudável na transferência para corrigir os desvios. Assim, a princípio ele mesmo resistiu ao não-saber, ao que extrapolava o falo e começou tudo interpretando. Até aqui o simbólico reinava absoluto, mas como dissemos, havia sempre um quantum de gozo que escapava desse domínio. Esse gozo era detectado sob a forma de uma fantasia que, ao mesmo tempo, fazia gozar e sofrer. Freud se viu obrigado a postular a repetição de uma "mesmidade", de uma postura estética do sujeito diante do ponto de não-saber. Rompia então, definitivamente, com a medicina.

$\$ \longrightarrow a$

Assim, podemos dizer que, longe da biologia, a "criança é um brinquedo erótico" (FREUD, 1910). Ela vai se inserindo no mundo através da função fálica do simbólico que ordena sua subjetividade e as demandas que ela faz, ao tentar recobrir o que lhe falta nesse processo de ordenação.

Podemos resumir essa entrada no mundo simbólico do seguinte modo:

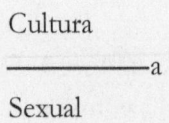

$$\frac{\text{Cultura}}{\text{Sexual}} a$$

Há uma inscrição em uma ordem simbólica que cria o que é sexual. Não sabemos o que vem a ser a sexualidade antes de uma ação significante. Entretanto, como já dissemos, nem tudo se transforma em significantes. Há uma perda nessa passagem; sobra um resto que é aquele resto de gozo que insiste em fazer presença e que nos impede de nos robotizarmos pelo programa da língua. Sobra o que chamamos no início de indecifrável, de não-sentido que resiste à significação, que pode se manifestar pelo que escapa de inconsciente, estruturado como linguagem. Já em 1912, Freud concluía que era "impossível harmonizar os clamores do nosso instinto sexual com as exigências da civilização". Sobra sempre um mal-estar, uma inadequação constitutiva porque, como humanos, somos o paradoxo da "sexualidade simbolizada"

Assim, é o Outro que confere essa identidade paradoxal. É ele que faz a letra. Ao sermos falicizados pelo desejo do Outro, somos marcados pela inscrição do seu desejo, que nos eleva à ordem humana pela letra, mas também faz perder em gozo. A letra é a inscrição corpórea do gozo, é o próprio suporte material do significante, conforme sustenta Lacan no Seminário inédito sobre a identificação e por isso, quando se busca o gozo, encontra-se a lei do significante. É com a letra que o analista conta no encaminhamento da análise para um ponto de esgotamento da significação buscada pelo analisando. Os significantes vão demonstrando sua falta de essência, a falta-a-ser do sujeito que se vê diante do puro nada.

O pai é o representante dessa função simbólica e por isso Freud sempre se manteve nessa posição ao manejar a transferência. Entretanto, há aquele algo que escapa a essa função simbólica, situando-se como um resto que determina nossa maneira de se inscrever no mundo: neurose, psicose, perversão? São formas de defesa diante da verdade do gozo, porque se constituem e se mantêm pelo valor de *semblant* do falo. Porém, manter-se na posição do Pai, ao manejar a transferência, seria manter a mentira da possibilidade de o falo trazer a significação ausente. Seria a manutenção do espelhismo circunscrito pelo Ideal do Eu, que promete um amor do acordo imaginário, da sugestão e da hipnose. Contudo, há a função fálica, que promove a inscrição da letra e funda a possibilidade da palavra. Esse recalque coloca um limite nas exigências do gozo do Outro e, ao deixar a letra, funda a possibilidade do amor, de dizer a partir do que falta. Querer eliminar essa vertente do pai é eliminar a letra que funda a paixão do significante. Como conseqüência, surge a dor encontrada na psicose.

Entretanto, a psicanálise se mostrou como um novo discurso que aponta o próprio fracasso do significante em recobrir a verdade com o saber e possibilitar a harmonia da relação sexual. Ela mostra algo novo no amor... Algo diferente das opções perversa e psicótica por um lado e, por outro, da opção de ficar apenas com o gozo do sentido ordenado pela língua. Com essa última opção temos que a letra, S1, ao se tornar agente de um saber, também produz o resto, o que vai causar o nosso desejo, mas ela o faz ao preço de recalcar o sujeito $\bcancel{S}$.

$$\frac{S1}{\bcancel{S}} \longrightarrow \frac{S2}{a}$$

Isso implica transformar-se na própria estrutura da língua sem colocar nenhuma particularidade no código universal.

Por isso, perguntei há pouco, utilizando a citação de Barthes, se seria repetir inesgotavelmente a letra? Seríamos apenas ventríloquos da língua, embora falados por ela? É esse o gozo místico ou da escrita feminina? A produção de um gozo sem sujeito?

Retomando, então, concluo que o nome do pai pode fazer a transformação em falta-a-ser, mas a partir daí pode-se falar de amor. O Outro, ao constituir-me, deixa-me separado dele. Fica um resto entre nós que impede que "eu" tenha uma substância que me defina. Tenho um vazio de significação porque a letra se tornou corpo erógeno, não mais o mundo simbólico. Quanto a mim, tornei-me simbólico, afastado do meu corpo. É essa distância que chamamos gozo, esse de que o perverso, ao renegar o pai, só quer gozar, ao pensar que lhe é possível ser o dono da letra.

Sou, portanto, remetido a esse ponto não significável que marca uma alteridade absoluta. Aliás, no curso "O saber do psicanalista", Lacan (p. 71-72) afirma que "héteros" (que adjetiva a sexualidade) se refere exatamente a esse ponto que marca a pura diferença. Quer queiramos ou não, o que funda a sexualidade é a diferença. É ao Outro sexo que nos dirigimos em busca da substância perdida com a entrada no simbólico e nada adianta tentar eliminar a barra, seja pela "conjunção carnal" de entes do mesmo sexo ou de sexos diferentes, ou pela coletivização do amor, colocando mais e mais pessoas, ou então pela eliminação do social etc.

Há um mal-estar pela presença de um pequeno a entre os falantes que impede a proporção sexual. O paradoxal, portanto, é que há um inapreensível, e que não se faz conjunção com o que é mais íntimo. O que a humanidade mais faz são os atos sexuais, e o que mais constata é que aquilo que é mais íntimo está fora e faz desejar novamente. Barrar o movimento do desejo, retornar ao gozo mítico, no qual se recalca o sujeito em favor de Outra voz.

É exatamente esse a que impede a relação sexual, ou a harmonia entre os falantes, seja na cama, seja na diplomacia. A verdade está sempre entre os falantes, fazendo-os se mexer de todas as formas possíveis, mas revelando a impossibilidade de apreendê-la.

Estamos constitutivamente dissociados do Outro e o amor é uma forma de tentar recobrir o que está separado, eliminar o não-significável indicado pela letra. *Lettre d'amour*, ou *d'amur*, disse Lacan. Ao tentar buscar o gozo pela captura de "uma essência sexual" que nos tornaria completos, elidimos a letra como o ponto de apoio para a invenção de saídas diante do impasse. Como há uma imperfeição, como diria Lúcia, como não há um jeito de dizer bem sobre isso, os neuróticos acabam depreciando o amor. Sentem-se impotentes diante da impossibilidade de completude e culpam o parceiro pela sua incompetência em eliminar a castração.

Por isso Freud faz um corte, a partir de 1920, com o apego ao significante (embora seja através dele que podemos constatar o que foge de sua possibilidade de dizer bem sobre verdade).

O significante primordial não é o agente do amor da psicanálise, mas o seu produto.

Lacan formalizou, então, a descoberta freudiana, ao estruturar assim as pretensões de um novo discurso amoroso:

$$\frac{a}{S2} \rightarrow \frac{\$}{S1}$$

Em vez de recobrir minha dissociação em relação ao Outro, em vez de esperar uma reciprocidade, ao eliminar a pura diferença, ultrapassar a fantasia e sua mesmidade, e colocar a diferença como agente que faz mover o $, de desejo, o saber e a letra sustentam essa possibilidade, em vez de serem os agentes que tornam a função, agora sim inesgotável, mas marcada por um esgotável. Aparece aí um sujeito que põe um basta ao gozo do significante, ao colocar sua singularidade marcada pela letra que caiu e simbolizou aquele corpo, fazendo faltar uma continuidade no Outro. Em vez de tamponá-la, buscando uma substância que não existe no simbólico, produzir uma obra a partir dela. Em vez de dizer bem, praticar o bem dizer, porque este leva em conta a constitutividade real da verdade, a falta, caracterizando assim, a imperfeição de toda obra.

É uma exigência difícil, "ficar feliz na vida" (LACAN, 1967) a partir da castração. Deixá-la ser o agente, apesar de a castração ser o muro que está entre os sujeitos desejantes e impedir a relação sexual. Ir além do pai e buscar o nada que exige a situação de aprender sem um mestre, de correr o risco de um cálculo sem garantias.

Acredito ser essa uma exigência mais fácil para os poetas e literatos. Freud já dizia que tanto os escritores criativos quanto os neuróticos não se cansam de repetir os capítulos de sua novela familiar. Mas inspiram-se na mesma fonte da castração para fazer trabalhos opostos. Os neuróticos depreciam o amor, reclamando de sua fragilidade em eliminar a castração, enquanto os escritores contam com ela e a revelam (pela metade, é claro) em uma forma de bem dizer. A castração, que torna as pessoas em geral ridículas, é assumida no endereçamento da verdade semidita que fazem ao Outro. Assumem o ridículo de ser singulares, irredutíveis à conformidade do universal, mostrando a própria obra que revela sua incapacidade de tudo dizer. Os criativos aceitam assim as demandas de amor, mas sem tentar resolvê-las. Apenas endereçam-nas como cartas que tentam contornar o muro e realizar o desejo. Mantêm o processo de autorizar-se em movimento. Autorizar-se no sentido de se tornar autor, em vez de esperar a autorização do Outro para se definir. A carta de amor é, então, o meio operativo no qual o sujeito põe de si mesmo, faz-se autor, barrando as pretensões da língua e da escrita científicas, que excluem a marca pessoal da letra que funda o sujeito. Brincam com as possibilidades d'alíngua!

Há, então, algo de novo amor... a transferência ao incompleto que faz mover o sujeito. Lacan afirmou que a interpretação analítica deveria recuperar algo do poético. Na verdade, ao se colocar como página em branco, o analista se coloca como causa de uma produção poética. Ao não atender às demandas de amor, ele faz com que surja o muro que obriga o analisando a amar sem as exigências de reciprocidade. O ato se define como analítico porque ressalta a dimensão da falta, não por perversidade diante de quem demanda ser amado, mas porque o amor é um dom que se revela a partir do que falta, não pela satisfação real que qualquer objeto proporciona. A falta deve estar evidenciada no ato de fornecer o objeto da demanda, de modo a instaurar o movimento do desejo. Esse movimento, por sua vez, faz com que sejam possíveis apenas as "cartas a-murosas", que satisfazem as exigências pulsionais de circular o vazio da página e honrar o amor, posicionando-se como um sujeito de desejo movido pelo puro objeto que exorbita ao falo. A partir daí ele faz a repetição com a marca de sua singularidade.

Não é tão romântico o caso desta minha carta, ou seja, deste texto com meu desejo e meu objeto de estudo implicados. Pelas formulinhas pode-se notar a paixão por um modo de trabalhar como a ciência. Há aí uma paixão pela escrita da ciência que revela, contudo, a própria exclusão da possibilidade de amar. E é essa impossibilidade que funda esse novo amor...

Parte II

A Mulher como nome do pai

Sobre "El 'hay' de la relación sexual", de Jean-Luc Nancy[1]

Jean-Luc Nancy é citado por Lacan, no Seminário XX, como exemplo de leitor. Lacan afirma que a leitura de Nancy não se deixa seduzir pela enunciação do autor, ao se sustentar em uma sólida estratégia de dessuposição de saber. Chega a afirmar que, para realizar tal empreendimento, é necessário que a leitura tenha sido realizada com algum ódio. O rigor também é evidente no caso dessa conferência, pronunciada em um congresso da École Lacanienne de Psychanalyse em 2001, e transformada em livro. (*El 'hay' de la relación sexual*. Madrid: Editorial Sintesis, coleção Estúdios Lacanianos, 2002). É importante lembrar que o tema do congresso era precisamente o aforismo "Não há a relação sexual", princípio fundamental que rege nossa prática como analistas.

O trabalho de Nancy é extremamente instigante e desafiador. Se há uma denegação envolvida naquele princípio paradoxal – a enunciação vem afirmar a inexistência do que está a ocorrer todo o tempo –, é porque há uma afirmação primordial. O que "há", então? Ele empreende uma análise vigorosa do que é chamado relação, explicitando que não há para os seres falantes um referente que designe o que se relaciona, como supõem as ciências humanas, ao se referir a dois indivíduos, duas essências, um homem e uma mulher etc. Sua demonstração revela que o gozo não é nada que se possa alcançar. Ao contrário, é o que se alcança e se consome ao alcançar-se. Assim, ele nos esclarece que não há acesso ao gozo, sendo o gozo o próprio acesso, mas que também se queima ao se viabilizar. Jean-Luc Nancy termina por dar mais consistência à afirmação lacaniana e promete esclarecer que o sexual é, justamente, o que há da relação.

---

[1] Para Maria Teresa Carvalho e Paulo César Ribeiro.

Sugar baby[1]:
mulher e o avesso do avesso da cultura[2]

1. O processo edípico de ordenação subjetiva: a mulher não-toda fálica

Em 1925, quando escreveu "Algumas conseqüências psíquicas da diferença anatômica entre os sexos", Freud deixou claro, já no título, que há uma clivagem entre uma posição subjetiva e uma posição anatômica. O que é facílimo de ser verificado em um registro – o da anatomia –, não garante em nada uma posição sexual do sujeito. Ao contrário, as posições ditas masculinas ou femininas dependem de *como* o sujeito se declara diante da lei que ordena nosso gozo, as quais podem ir contra a própria anatomia. Sabemos, pelo percurso de Freud, quanto a questão da feminilidade o embaraçou, pois seria muito mais lógico (de acordo com as bases anatômicas) que houvesse uma simetria, uma equivalência opositiva entre o Édipo "masculino" e o "feminino". Contudo, as coisas não são tão simples e a feminilidade tornou-se "o continente negro" da psicanálise. Sobre isso era quase necessário calar-se: as associações livres dos pacientes em análise revelavam, no momento de arrumar uma representação para o feminino, uma zona escura, um silêncio, ou até a morte.

Sabemos também que Lacan, aproveitando-se dos mais de trinta anos de trabalho freudiano, identificou a origem daqueles problemas teóricos. Constatou que Freud não encontrava a resposta porque não poderia fazer a pergunta sobre a identidade feminina. Freud almejava

---

[1] Para Lúcia Afonso, Regina Helena Campos e Sandra Azeredo.
[2] Esse título foi inspirado no Capítulo 12 do livro de Paul Laurent Assoun. *Freud et les sciences sociales*. Paris: Armond Colin Éditeur, 1993.

responder a uma pergunta ou problema para o qual não existe solução. "A mulher não existe", afirmou Lacan. Apesar de todas terem existência física, elas não são todas submetidas à lei fálica que cria o sujeito (ou sua metade, se formos mais rigorosos) e a cultura. Tentemos ver melhor o que isso significa.

Lacan viu que o problema freudiano era um problema para o qual não havia solução, mas as mulheres sabiam como lidar com ele. Ou seja, as mulheres demonstraram o que a cabeça dos homens gostaria de resolver: trata-se de operar com o problema, não de resolvê-lo. Conseqüentemente, aqueles seres falantes que operam com a falta de significação são as mulheres (independentes de sua anatomia). Quanto àqueles que querem resolver o problema, colocam-se em uma posição fálica. Essa posição pode aparecer de, pelo menos, dois modos: seja reclamando do falo ou sentindo-se impotente, afirmando que, caso o possuísse, tudo estaria resolvido (histeria), seja acreditando possuí-lo e tentando resolver com o falo até o que ele não resolve (obsessão).

Hoje, a questão de Freud é até simples de ser verificada, pois bastou a Lacan explicitar o fundamento da construção freudiana: o inconsciente é fálico. Ali não há uma inscrição da diferença sexual, havendo, portanto, um sexo no inconsciente: aquele regido pelo falo. Como definir, então, o feminino, que é exatamente o que escapa ao falo, se só dispomos do falo como significante para fazermos as representações? Lacan percebeu, então, o óbvio, ou seja, que só existe o sexo fálico. Logo, não podemos falar de dois sexos como há séculos a humanidade se refere. Como o sexual é o campo daquilo que é regido pelo falo, podemos batizá-lo de masculino, mas poderia lhe ser atribuído qualquer outro nome que esse sexo continuaria fálico. Lacan indicou também que o não-sexualizado seria o campo da mulher. Isso não significa afirmar que aquelas que são anatomicamente mulheres não têm sexualidade. Esse campo, o da mulher, estaria em um mais além e indicaria a posição subjetiva daqueles que operam com o não-representável, já que estariam não-totalmente submetidos à inscrição fálica. Estes ou estas contam, portanto, com o que é da ordem do real, em vez de ficarem aprisionados aos limites do falo e da queixa de sua impotência. São os que têm condições de criar e modificar a cultura, questionando-a pelo avesso. É claro que não se pode generalizar e, por isso mesmo, deixamos essas designações para caracterizar os efeitos de uma análise.

Isso é perfeitamente compatível com os achados freudianos. Em sua tentativa de descobrir o "Édipo feminino", Freud notou que não havia uma lei de interdição paterna que fosse forte o suficiente para separar uma menina de sua mãe. O menino se submete à lei fálica *como* forma de lidar com sua passividade diante do gozo da mãe. Ela, a lei, fornece-lhe o instrumento do falo em sua identificação com o pai, o que transforma a mãe em objeto de amor. Já a menina se vê diante do problema: se se identifica com o pai, adquirirá uma identificação fálica, mas se o fizer totalmente, escolherá a mulher como objeto de amor. Assim, uma menina teria que se identificar com o pai para sair do gozo da mãe, isto é, ter o acesso à linguagem, mas teria que permanecer um tanto identificada, colada à mãe, para desejar um homem.

Lacan observou, sempre a partir de Freud, que é mais lógico falar em dois gozos em vez de dois sexos: o gozo fálico, regido pela linguagem, ordenado sob a primazia daquilo que pode se situar através de representantes; o gozo da mulher, também regido pela linguagem, pois não se trata de natureza, mas surge como suplemento ao gozo fálico, por uma certa forma de se posicionar ou de operar com essa linguagem. Alguns têm que se ver diante de uma "escolha forçada". Ou se estacionam na impotência ou encaram essa forma de operação que os abrem para o indizível e o não circunscrito ao mundo finito. O homem, em uma análise, deve passar, assim, do mundo simbólico para o real – do falo da lei do pai para o que causa o desejo, por ser fruto dessa lei. Por isso a mulher é o sintoma do homem. Porém, a mulher permanece com um tanto de real e busca uma identificação fálica (que não pode ser completa). É aí que o homem pode ser sua devastação. Em sua busca por algo que a represente, ela acaba por questionar o mundo simbólico e toda a cultura que os homens encarnam. Trata-se de um lugar que as mulheres até almejam, mas no qual elas não se sentem muito confortáveis, por se tratar de um lugar que as aliena. Porém, paradoxalmente, elas precisam dessa referência, mais pelo interesse no fracasso dessa referência do que por uma crença nela, pois é a partir desse lugar que elas vislumbram um gozo a mais.

2. O filme: Estação Doçura (Zucker Baby, 1985)

Uma mulher caracterizada pelos padrões estéticos convencionais como não sensual, gorda, apática e extremamente solitária, trabalha em uma funerária, lavando e aprontando os mortos para o enterro. Vimos também que, a partir de um dado momento, sobre o qual iremos precisar, ela se transforma, como se tivesse sido acordada da morte e adquirisse vida e sensualidade. Quando ela perde seu objeto de amor, mais no final do filme, volta à sua vida, caracterizada pela solidão na piscina, mas dá um grito, que tanto pode ser de dor como o grito de um guerreiro que resolve, novamente, ir à luta.

O filme mostra claramente como uma "histérica é industriosa, porque ela fabrica um homem" (LACAN, 1992, p. 31). A histérica, por querer se fazer de exceção à regra que constitui o conjunto dos homens, faz o homem, define para ele o lugar que ele ocupa na lei fálica. Temos aqui a própria teoria dos conjuntos. É necessário pelo menos um que não se enquadre na definição para que o conjunto possa ser estabelecido. É ao tentar ocupar o lugar do Pai Simbólico, instituidor da lei, que uma mulher se torna histérica, pois ela não é a origem da linguagem. É o seu jeito de "corrigir" a linguagem e se fazer plena, toda. Mas seu discurso produz efeitos: "O discurso da histérica é que possibilita haver um homem com desejo de saber. Ela mostra que a linguagem derrapa exatamente onde ela, como mulher, pode-se abrir para o gozo. Mas isso não lhe importa. O que lhe importa é que o homem saiba que ela é esse objeto precioso neste contexto de discurso" (LACAN, 1992, p. 32).

De que maneira, então, ela se colocou como esse objeto precioso, para que o condutor de metrô a visse como o lugar onde a linguagem derrapa e torna as portas abertas para o gozo?

Em primeiro lugar é importante observar que a VOZ do condutor funcionou como objeto que causa o desejo. Até aquele momento, como ela nos conta depois, ela estava em luto, melancólica pela perda do objeto de amor e de identificação. A mãe havia morrido em seus braços e ela começa a trabalhar na funerária, cuidando dos mortos como ela sempre havia cuidado da mãe. Dedicava-se a eles com amor, mantendo talvez a presença da mãe. Podemos até supor a presença de um gozo na sua melancolia, como tentativa de manter o objeto causa do desejo presentificado. A morte, como imaginarização da falta de um representante do sexo feminino, torna-se para muitas o objeto de relação com a vida.

O fato é que a voz do Outro a **convoca** novamente à vida. Algo irrompe ali, na forma de uma voz doce (feminina?), fazendo um corte e colocando-a em uma perda impedida pela melancolia. Naquele instante terminou o luto e o apego ao real da morte da mãe. A voz do Outro a convoca para o mundo regido pelo simbólico, este que Freud chamou de Princípio do Prazer. A posição histérica aparece na transformação daquele corpo real carregado até com um certo tom repulsivo em um corpo erógeno que promete ao homem o acesso ao gozo.

E aí podemos ver como "as mulheres estão menos fechadas que seus parceiros" nas possibilidades discursivas que a estrutura da linguagem nos permite elaborar. E isso é exatamente por elas estarem não-todas sujeitas ao falo ou não-todas sujeitas à cultura. Falta a elas o complemento de inconsciente que os homens têm. Elas, então, estão mais ancorada no real, mais abertas ao avesso do avesso do avesso e por isso se dedicam mais ao amor. O amor é essa tentativa de reparar a "fraqueza original", de fazer uma suplência ao buraco que o simbólico impõe. Não deixa de ser uma forma curiosa, pois como ela vai dar ao outro o que não tem? Trata-se de um dom amoroso?

Mas a mulher sabe transitar e nada a impede de adotar a postura falicizada. O homem está muito fechado em uma forma discursiva e é ela quem vai à luta. Notem que esse é um comportamento tipicamente masculino. Eles saem à cata do acesso ao gozo, já que estão muito sexualizados pelo discurso fálico. Mas o que vemos no filme é uma mulher (no sentido anatômico) pesquisar a vida de um homem (idem) que era só uma voz, portando a mulher no sentido da causa do desejo ou no sentido de ser o objeto que lhe abriria as portas do gozo. Ela sabe tudo (observem que o saber tudo é de ordem fálica) sobre ele. Consegue levá-lo à casa dela e despe-o, causada por aquele objeto. Ele ocupa, nesse momento, aquela posição passiva a que se referia Freud, como se ele não tivesse dotado do discurso da lei do pai que o permite fazer um corte no gozo da mãe. O condutor, completamente conduzido, coloca-se passivamente diante dela, deixando-se levar pela função que ela lhe designou. Para chegar até este ponto, compra as máscaras da feminilidade: roupas íntimas excitantes, perfumes, sapatos de salto alto, e aprende a usá-los. Sua casa se transforma de um catre, reduzido ao real, em um ambiente envolvente e sugestivo, um ambiente que faz uma promessa de que coisas boas estão por vir.

Desse momento em diante notamos uma pequena inversão na posição subjetiva dela, que passa a procurar um saber fálico que a instrumentalize na situação e compra até um livro de receitas para namorados. O condutor de metrô começa a mostrar como ela o faz homem. Excita-se com facilidade, faz musculação e adora futebol. Exibe-se para ela, coisa com que sua mulher implicava, como mostra a cena em que ela trabalha na máquina de escrever e se sente importunada com sua bola de tênis. A mulher dele, no entanto, parece estar mais preocupada em se inserir na cultura fálica, como se se apoiasse apenas no trabalho para reparar a fraqueza original. Ela, a gorda, prefere ainda o amor como meio e, ao fazê-lo homem (em vez de ficar reclamando que ele não é), posiciona-se de modo diferente e conta para nós o que Freud havia observado.

A ligação indissolúvel da menina com a sua mãe faz com que ela repita com seus parceiros o mesmo padrão de relação. Não há uma simetria: ela não repetirá com seu homem a relação que estabelecera com seu pai. Ela tem a oportunidade de repetir, com o condutor, o que vivia com a mãe, e se reconhecer como objeto de amor para um outro. Segundo Freud, essa seria a chave de uma ligação estável, pois nessa repetição da menina o homem poderia encontrar o campo propício para se aconchegar a uma mulher como se ela fosse sua mãe. Vejam que ela até o batizou de "Sugar baby"! No momento que eles conversam sobre a ligação dela com a mãe, ela lhe afirma que há algo errado na maneira como a civilização lida com a morte. Diz que hoje morrer parece uma falta de educação, e que gostou dele porque no primeiro dia havia lhe contado sobre o seu trabalho e ele não ficou horrorizado. Mas ele lhe pergunta: Por que eu? Ao que ela responde: "acontece, ninguém sabe porque"... E talvez só *a posteriori* poderíamos construir uma história que desse conta desse efeito de amor.

Para finalizar, gostaria apenas de comentar duas lições, se é que poderíamos qualificar assim a mensagem transmitida pela personagem. A primeira é que sua imagem corporal não a atrapalha em nada. Ela é a antimulher, no sentido fálico da cultura, mas demonstra que o meio de ficar feliz na vida está na forma de operar com o real. A segunda lição é coerente com esta, mas fica mais nítida no final do filme. Depois de apanhar da esposa, surge novamente a imagem dela, solitária na piscina. Ela grita e mostra toda a sua dor e, quem sabe, seu renascimento. Fato é que não mergulha mais no gozo da melancolia. Ela demonstra que prefere o risco do amor à certeza do gozo da perda do objeto. Foi preciso que ela repetisse para voltar à vida, em vez de ficar simplesmente amando os mortos.

Referência

LACAN, J. *O Seminário*. Livro XVII. O avesso da psicanálise. Rio de Janeiro: Jorge Zahar, 1992.

Contingência do falo:
a perversão e a lógica do *semblant*[1]

Estamos passando por um momento de avaliação dos efeitos da concepção de estrutura sobre a teoria e a clínica psicanalíticas. É claro que não se trata de desconsiderar a importância dessa formulação, mas de tentar explicitar seus alcances, limites e conseqüências. Em trabalhos anteriores, tentamos demonstrar que a teoria do significante, ancorada na perspectiva de uma ciência como a lingüística, passou a ser confundida com uma escrita do real da psicanálise (PINTO, 2003). O fato de que as formações do inconsciente se estruturam como uma linguagem e de que o real que interessa à psicanálise responde a efeitos de sentido não nos autorizam, no entanto, a afirmar que a estrutura traduz o real em jogo na clínica. Ao contrário, a teoria do significante mostra a estrutura do discurso que é do semblante, e sua relação com o real que escapa a qualquer tentativa de apreensão.

Presumo que uma das conseqüências daquela formulação se refere às prováveis limitações que o apego à noção estrutural trouxe para uma melhor avaliação da perversão. Acredito que a preocupação antecipada com a estrutura e com o diagnóstico nela baseado levou os analistas a pensar que o perverso não procura análise e que, por isso mesmo, não o conhecemos suficientemente como o neurótico e, até mesmo, como o psicótico.

Pensar rigidamente a perversão em termos estruturais, antes do encontro com o sujeito, pode induzir a uma certa miopia em relação às diversas manifestações perversas, tais como a da mestria, da histérica

---

[1] Para Jésus Santiago e Serge Lesourd.

e do saber, por exemplo. Além disso, não seria importante caracterizar a perversão envolvida no utilitarismo das posições subjetivas, na instrumentalização do desejo, na transgressão intrínseca ao desejo e sua fixação, e mesmo no sacrifício inerente à imposição discursiva da lei edípica?

Esquecemo-nos de que é o tipo de relação da mãe com o falo que condiciona o Nome-do-Pai. Estamos acostumados, no entanto, a ver o falo a partir de uma estrutura estabilizada pelo Nome-do-Pai. O falo, visto por esse ângulo, é um instrumento potente e funcionalmente ordenado pela modalidade do necessário para lidar com a castração. Porém, se o falo indica a falta-a-ser, ele é o próprio sujeito barrado. Ou seja, o falo nos indica a falta constitutiva da sexualidade na dupla incidência do desejo da mãe e da metáfora paterna.

Nesse sentido é que a perversão evidencia a natureza do falo, pois o que define o fetiche é, exatamente, a ocultação da falta-a-ser. Miller (2001, p. 261), inclusive, nos alerta que foi por isso mesmo que Lacan se apoiou nos estudos da fobia e do fetichismo para esclarecê-los à luz da natureza do falo. Mais interessante ainda é o fato de Lacan ter se dedicado à sexualidade feminina e, em especial, à homossexualidade feminina, para detalhar a função fálica. Parece que a relação com aquela falta constitutiva da sexualidade ficaria mais evidente ali do que na homossexualidade masculina.

Para Lacan, então, a perversão seria o desejo de preservar o falo da mãe (MILLER, 2001, p. 264). Esse desejo, como tal, está presente em qualquer posição subjetiva, variando, talvez, a forma como se acredita na possibilidade de êxito. A dúvida obsessiva, por exemplo, não se caracterizaria pela oscilação entre acreditar ou não no falo da mãe? Essa oscilação não mostraria a dúvida entre a castração e o seu negativo, que se manifesta nos traços que chamamos perversos? Não é freqüente encontrarmos na clínica algumas "soluções psicóticas" diante do peso do desejo da mãe? A dimensão imaginária da fantasia na neurose não nos tem ensinado sobre a perversão exatamente por revelar a posição masoquista do sujeito em relação ao outro, este sim caracterizado como o que tem acesso ao gozo, exatamente por possuir o "falo" que elide a falta na sexualidade?

O falo é, assim, um *semblant*, na medida em que revela o valor de gozo a ser recuperado, cuja encenação imaginária esconde a articulação significante do fantasma. Se ele revela o valor de gozo, vela a articulação que o denuncia. Essa parece ser a força do imaginário. Ele predomina, mas se sustenta em uma articulação simbólica que permanece latente, como diria Freud.

O importante a ser enfatizado, então, é que a perversão deve ser analisada a partir das contingências do Édipo, não a partir de uma atitude simplista e definitiva de recusá-las por estar definida como uma estrutura de *repúdio* da castração. Essa estrutura – como também qualquer outra – é contingente, pois decorre de uma defesa diante do real da falta de pênis da mãe e do modo como essa mãe lidou com aquele filho, diante do desejo daquele pai, naquele instante. Os vários acontecimentos que participaram de sua origem – inclusive, é claro, as vicissitudes pulsionais – precisam entrar em análise para que se desvende sua gênese.

Em todo caso, essa gênese acabará por revelar que o desejo visa ao que está mais além. Como Lacan afirmou no Seminário XI, "não me dês o que te peço, pois não é isso".

Ama-se o outro pelo que ele não tem. O objeto falta, desliza metonimicamente. O fetiche e mesmo a falta de criatividade do inconsciente manifestada no fantasma funcionam por meio da fixação do gozo pelo significante. Há aí uma espécie de consistência abusiva desse nome-do-pai, revelada na imobilização da cadeia significante para lidar com a falta de pênis da mãe. O fetiche tem a função de garantir uma suplência para uma insuficiência da mestria que uma palavra exerce sobre a cadeia significante. Tanto o fetiche quanto o fantasma tamponam a insuficiência do nome-do-pai de modo a não deixar restos e garantir a eficácia da estrutura. A estrutura passa a funcionar, assim, na ordem do necessário, como uma cortina de fumaça que esconde o real dos acontecimentos que lhe determinaram.

Verificado o poder do significante do Nome-do-Pai em estabilizar rigidamente uma pseudo-solução, entende-se mais claramente por que a teoria da sexualidade feminina foi o ponto de apoio para Lacan.

A feminilidade é uma manifestação contingente, possível devido ao funcionamento não-todo do falo. Se a estrutura se refere ao discurso do *semblant*, será a via da feminilidade que revelará como a imobilidade da cadeia se desfaz. O Nome-do-Pai funciona como uma palavra-mestre (MILNER, 1983) que fornece a chave de leitura para as significações e define o que será a realidade do laço social. É o significante especial que estabelece o valor de lei para dado sujeito, mas tanto sua origem quanto seu funcionamento são contingentes. Por isso mesmo, e por se desestabilizar pelo encontro com alguma outra significação, ou melhor, pela possibilidade de haver alguma ruptura do semblante, a função fálica, assim sustentada, acaba deixando espaço para o inesperado do desejo.

A escolha do objeto fetiche é, como nos ensina Freud em seus "Três ensaios...", contingente. Somente a partir de uma literalização do encontro com esse objeto é que algo se organizará de modo necessário para aquele sujeito, deixando um excedente de gozo a parasitar tal escrita. Esse gozo Outro demandará novas leituras, que produzirão novas inscrições da letra no sujeito. Assim, o que conhecemos da sexualidade se revela apenas no *a posteriori* da incidência significante e, talvez por isso, cultivamos apenas a estrutura.

Em todo caso, não é mesmo possível falar em sexualidade antes da presença desse significante que revela o valor de gozo envolvido em sua enunciação. O que é do sexual é a forma como a cadeia significante amarra a relação do sujeito com o gozo. É a forma como a inscrição corpórea do gozo foi literalizada, a fim de criar aquela realidade como sexual. Essa incidência do significante tem a função de mestria e impõe, como lei, um regime de gozo. É o paradoxo de uma perversão revelada pela própria incidência da lei que a regula.

A lei imposta pela mestria do significante, ou o *semblant* de ordenação que ela traz, exige o sacrifício do assentimento a seus imperativos. Podemos dizer que a psicose questiona a lógica arbitrária da significação, dada por uma palavra-amo. A proliferação do sentido na psicose, no entanto, não é capaz, por si só, de criar uma palavra com poder de regular a cadeia de significações e estabelecer uma realidade discursiva. Essa tentativa de cura pelo delírio pode fazer com que alguma palavra, em algum momento, possa adquirir tal estatuto. Já a perversão, ao recusar a natureza de semblante do falo, escamoteia a posição de sacrifício e, não sem uma dose de angústia, coloca o fetiche para elidir a ausência de pênis da mãe.

O que é mais patético nessa solução é a própria degradação da natureza de semblante do falo, quando a pretensão é dignificá-lo a um ponto tal que a mãe não pode deixar de tê-lo. O objeto fetiche é uma espécie de artefato (LACAN, 2006, lição 1) do discurso construído a partir de qualquer coisa, de modo a sustentar uma potência não encontrada em nenhuma palavra. É uma tentativa desesperada de recusar a lógica do *semblant* para encontrar um referente fixo para o gozo. A manobra produz um efeito inverso, pois acaba por tentar garantir uma consistência para o semblante. Tal objeto revela, no entanto, o caráter bizarro e a parcialidade da escolha do sujeito, bem como o imperativo da contingência. A natureza de *semblant* do falo e a precariedade de qualquer função discursiva se tornam insuportáveis exatamente por revelarem o impossível do acesso ao gozo. Ao pretenderem um lugar de não-tolos, esses sujeitos mostram, por um lado, a fragilidade da escolha e, por outro lado, o automatismo e a viscosidade de um gozo que não cessa de se escrever. A perversão pretende escancarar os limites legais do falo, caindo, no entanto, no engodo da possibilidade de acesso a um gozo para além do que foi inscrito, pela simples recusa da lei. Esquece ainda, como nos lembra Nancy (2002), que não há acesso ao gozo, pois o gozo é o próprio acesso.

Assim, é importante atentar para um falo imaginário, correlativo ao desejo da mãe e transmitido sem a mediação simbólica do pai. Essa vertente do falo com a qual o sujeito se identifica mostra algo do ser e é tão importante quanto o falo correlativo à ordenação do Nome-do-Pai.

É bem provável que a teoria do Nome-do-Pai tenha produzido efeitos semelhantes ao de qualquer significante mestre e chegado a obscurecer a função primordial do desejo do analista. Pode ter sido uma formulação importante para facilitar ao analista sustentar-se em seu lugar. Contudo, em uma análise é necessário fazer transitar um gozo Outro e, para tanto, é sem dúvida importante o apoio da função fálica. A questão, no entanto, permanece: Como o sentido pode produzir efeitos no real de modo a permitir o encontro com o não-todo da sexualidade? Como a interpretação pode operar com o "vazio médio" (LAURENT, 2003), onde se aloja o a, fornecendo a possibilidade da contingência e evitando o efeito perverso de fixação de um detalhe, ou de um traço, elevado à dignidade da Coisa?

Referências

LACAN, J. *Le Séminaire- Livre XVIII: D'um dosicours qui ne serait pas du semblant.* Paris : Éditions du Seuil, 2006.

LAURENT, E. El camino del psicoanalista. In: MILLER, J. A. *La experiencia de lo real en la cura psicoanalítica.* Buenos Aires: Ed. Paidós, 2003.

MILLER, J.-A. *De la naturaleza de los semblantes.* Buenos Aires: Ed. Paidós, 2001. p. 261.

MILNER, J.-A. *Les noms indistincts.* Paris: Seuil, 1983.

NANCY, J.-L. *El 'hay' de la relación sexual.* Madrid: Editorial Sintesis, 2002. Coleção Estúdios Lacanianos.

PINTO, J. M. *A psicanálise funciona?* Conferência de Abertura da Jornada do GREP. Belo Horizonte, 2003.

O desejo do analista:
o sujeito, o necessário e a contingência[1]

Essa conferência foi realizada no Instituto de Estudos Psicanalíticos de Belo Horizonte, na abertura da jornada anual, em dezembro de 2001, dedicada ao Desejo do Analista. Agradeço aos colegas do IEPSI, à Mônica e ao Antônio, pela oportunidade de desenvolver o tema e pelo conjunto de argumentos que nossas discussões possibilitaram.

Durante todo este ano debateu-se o tema desta jornada. A maneira escolhida por Lacan para caracterizar a operatividade do discurso do analista foi examinada nessas discussões e ao longo das palestras preparatórias ao Colóquio Internacional recentemente realizado sob os mais diversos ângulos e, mais uma vez, constatamos a diversidade de abordagem sobre o desejo do analista.

A princípio, pensei em examinar o tema "o desejo do analista e a clínica" enfatizando mais a sua extensão. Muitos analistas sustentam práticas que não se confundem com uma análise mas que, se não fossem sustentadas pelo desejo de analista, não seriam práticas originais. Em nosso meio, por exemplo, Nilza Féres, Célio Garcia e Elisa Arreguy mostraram como levar esse desejo em uma supervisão para educadores sociais da Prefeitura de Belo Horizonte.

Sob esse aspecto cabe lembrar aqui o caso do Fórum Judiciário, o qual mantém em seus quadros uma equipe de analistas. A atividade dessa equipe é operar sobre as demandas judiciais em varas de família como forma de retorno da verdade dos sujeitos em litígio. Fazem intervenções breves e, vale sublinhar, completamente distintas daquelas realizadas

---

[1] Para Mônica Costa Lima e Antonio Teixeira

pelos psicólogos. Estes se colocam como peritos ou técnicos de um saber psicológico que se pretende legítimo apenas por se adequar grosseiramente aos padrões aceitos pela comunidade científica.

Há ainda aqueles analistas que trabalham com moradores de rua e que, em vez de adotar uma postura higienista, demonstram eficácia e ética ao convocar a responsabilidade desses sujeitos em suas escolhas. Outros analistas enfrentam os atendimentos imperfeitos e as vastas confusões (como as expressadas por Freud na *Interpretação de sonhos*) das equipes multidisciplinares dos postos de saúde e não recuam diante da psicose. Apesar de esses atendimentos durarem, às vezes, não mais do que uma dezena de sessões, percebem-se ali ressonâncias da sustentação do desejo do analista.

Todos trabalham estabelecendo uma diferença radical no acolhimento da demanda e lidam com o imponderável de uma maneira única. Partem de uma escuta para proceder a uma retificação subjetiva, para esboçar uma direção a ser tomada em cada situação, para estabelecer um diagnóstico etc. A extensão em que esses analistas trabalham permite mostrar o deslocamento dos ideais de uma instituição em favor da particularidade, ou melhor, do singular de cada sujeito.

Porém, desisti de abordar o tema pela clínica em extensão e resolvi problematizá-lo por um ângulo mais abrangente. A operatividade da atuação, tanto na psicanálise em extensão quanto em intensão, enfatiza, a meu ver, o não-todo que caracteriza o desejo do analista, formulação lacaniana ainda não suficientemente explorada em termos teóricos. Assim, considerando tal formulação, de que modo particularizar a minha análise do problema para este momento?

É claro, então, que existirão tantas maneiras de abordar a questão do desejo do analista quantos forem os analistas, dada a particularidade das situações profissionais e, principalmente, de análise vivenciada por eles. Cada um forjou sua saída de análise de modo único e, por isso, perguntamo-nos a todo o tempo se somos analistas, se uma ou outra intervenção foi analítica, se todos os nossos pacientes estão de fato em análise etc. Mas como construir um universal para os analistas? Como construir uma saída lógica para todos, uma saída que envolva o não-todo do final de análise de cada um?

Contudo, ainda não foi esse o caminho pelo qual resolvi me arriscar. Deixarei de lado também essa questão, por considerá-la espinhosa e inalcançável para mim. Por quê? Porque eu teria de demonstrar de que modo a lógica "do para todos" se torna inconsistente e indecidível quando se apóia na lógica do não-todo! E como tudo isso me parecia muito complicado, resolvi, enfim, começar pelo começo.

A pergunta sobre o que é um analista, uma pergunta para que saibamos caracterizar seu desejo, envolve, como resposta, a descrição de uma essência, o que, é claro, contradiz a própria noção de desejo. O desejo de diferença absoluta é assim colocado exatamente para incidir sobre o que se pretende revelar como essência do sujeito, como fixidez de significação. Nesse sentido, o desejo do analista se refere àquilo que uma análise sustenta como seu pressuposto básico: ela opera sobre o sujeito da ciência, um sujeito sem qualidades, como veremos adiante, o qual pretende separar de um gozo que lhe confere substancialidade. Esse também é meu pressuposto neste trabalho: o desejo do analista está em íntima conexão com o sujeito visado pela psicanálise e com a ética aí implicada. Realizada a extração do gozo pela queda do analista, caberá ao sujeito resultante se comprometer com sua ética. Depois que uma análise é levada a seu termo, o analista não tem mais nada a ver com as decisões e escolhas daquele sujeito particular.

A questão sobre o que é um analista não pode, portanto, ser respondida ou, talvez, nem devesse ser formulada para não cairmos nos engodos da linguagem. Ela deve apenas ser relançada de outras maneiras, de modo a continuarmos a cernir os efeitos específicos do discurso do analista.

Dado que a psicanálise continua a se sustentar apesar de sua especificidade e do contexto que enfatiza um saber universal, pode-se perguntar o seguinte: O que faz com que alguém se submeta a uma destituição subjetiva e mude sua forma de relação com o gozo através de uma "arte que consiste em suspender as certezas do sujeito até que se consumam suas últimas miragens"? (LACAN, 1953; 1998, p. 253). O que faz com que alguém que passa por tudo isso, através do encontro com um outro que sustenta o lugar de *semblant* do objeto, queira se colocar nesse mesmo lugar?

A posição de Lacan ajuda a esclarecer um pouco essas questões, ao formular uma perspectiva diferente da de Freud. Este enfatizava a castração, a perda do falo imaginário – Lacan, ao contrário, enfatizava que há, no final de uma análise, o ganho da causa do desejo e o conseqüente gaio-saber. A verificação do analisante como desejo após a destituição subjetiva, ou melhor, como uma hiância que funciona como objeto-causa, situado para além de toda a cadeia de razões mobilizada para o sentido, é o efeito ético de uma análise. A experiência discursiva estabelecida pelo amor de transferência confronta o sujeito com a ausência do objeto de amor e o transporta para a queda das expectativas em relação à reciprocidade, ao reconhecimento, à complementaridade. Uma experiência tão radical produz a possibilidade desse amor fora dos limites da determinação legal, fora da expectativa da relação sexual.

A vivência de tal castração é a condição básica para alguém se tornar psicanalista. Mas, obviamente, uma análise não oferece nem pode dar a garantia de que um analisante quererá exercer ou ocupar tal lugar. A castração é uma condição necessária para se exercer o ofício do psicanalista, mas não é suficiente. Escolher se tornar psicanalista depende de outros fatores. Arrisco a dizer que, talvez, seja ainda necessário o assujeitamento ao significante psicanálise para a consolidação de tal escolha. E isso somente aconteceria se o trabalho desenvolvido por tal analisante passasse a ter, após a análise, uma função de *sinthome*. Assim, é o assujeitamento à psicanálise que abre a possibilidade de fazer surgir o amor sem limite, porque está fora dos limites da lei, só onde só ele pode viver (LACAN, 1964; 1979, p. 260), isso entendido como a capacidade de sobrevivência, como *semblant* do objeto que está fora dos limites estabelecidos pela lei do simbólico.

Em suma, é da transmissão da psicanálise que se trata. O desejo do analista visa assegurar a continuidade de uma análise e da própria psicanálise na civilização da ciência, já que esta não autoriza um saber para a sua existência. O sintagma lacaniano convoca, assim, cada um a se responsabilizar pela transmissão. É um sintagma que tem, pois, um efeito significante sobre os analistas, ao nos alertar sobre o desafio inerente: assumir a responsabilidade de operar sobre o real sem o apoio de qualquer saber sobre o desejo. Aliás, a "substância do desejo", como Lacan afirma em "Subversão do sujeito" (p. 828), reside na própria impossibilidade de consumação do sujeito com o saber. Ou seja, o desejo nasce da inexistência de uma satisfação universal, da inexistência de uma relação harmônica com o objeto e, é claro, isso também vale para o desejo do analista. O sintagma caracteriza, então, o impossível de nossa profissão; implica, é óbvio, uma práxis sem efeitos garantidos, justamente por não contar com o apoio do universal.

A ciência somente autorizaria um saber para a existência da psicanálise se houvesse uma determinação absoluta que impedisse qualquer modificação em nossa posição de sujeitos. Porém, se "da nossa posição de sujeitos somos sempre responsáveis", independentemente de sua determinação pelo Outro, é porque há alguma contingência naquela determinação que nos possibilita adotar a postura ética de assumir nossa causação.

A psicanálise conta (ao contrário de uma prática que parte de uma determinação universal) com o não-saber, pois é aí que se inicia o campo da verdade. Assim, é uma característica da psicanálise ter "uma existência continuamente provisória", a ser construída pela presença de um sujeito que impede a totalização do saber.

O desejo do analista visa transformar uma ignorância sobre o desejo (que no caso do desejo de um sujeito em particular trata-se de uma ignorância ativa, um nada querer saber constitutivo de suas escolhas éticas) em douta ignorância. Por isso é que o desejo do analista não se situa somente na perspectiva da busca do saber, porque a paixão da ignorância se alimenta de saber sempre mais sobre o saber do analista (FIGUEIREDO, 1997, p. 164). E embora essa vertente seja um dos operadores de uma análise, ela se atém a um deslocamento metonímico e, em última instância, pode implicar um fascínio pelo saber e um gozo pela servidão ao analista.

Esse risco é grande principalmente se o analista assume o lugar da causa, não de seu *semblant*. Ou, então, se encarna o lugar do Outro. Será como *semblant* de causa que um analista poderá conduzir a análise, no sentido específico que tento ressaltar aqui, de verificar, na transferência, como uma determinação que se manifesta como necessária foi constituída a partir de uma contingência. Se o analista encarna a causa, ele se torna imprescindível ao endossar o fantasma em vez de apenas se apoiar no real para criar um ponto de basta. Ao agir desse modo, o analista tornaria a análise interminável, visto que ele não poderia mais ser descartado.

Sabemos que o desejo nasce da inexistência de uma satisfação universalmente dada e é isso que impede que criemos uma totalização do saber sobre a inscrição sexual no corpo. Não é possível fazer um Todo da sexualidade (a partir de traços positivos, é claro, porque não encontramos ninguém que diz não a ela) e é exatamente por aí que se introduz a contingência. E mesmo que recorramos ao mito do Pai Primevo como figura de exceção, o que garantiria o universal, seria o falo como um organizador que permitiria certo usufruto do gozo. O que, convenhamos, não fornece muitas garantias, pois se trata apenas de algo que articula a relação sexual, de um ponto da conexão entre a cadeia de significantes e o gozo. Um outro gozo fica a "parasitar" a ordenação regida pelo falo.

No nível do não-todo, "a exceção aparece sob a forma aleatória, imprevisível" (SUMIC, 2001, p. 140), pois não há essência ou delimitação. A exceção aqui é diferente daquela que caracteriza o Pai Primevo, uma exceção definida, pois se trata de uma existência indeterminada. Tal constatação impõe uma mudança de perspectiva: daquela que vai da interpretação da cadeia significante para o ato que leva em conta uma existência indeterminada, uma infinitude do gozo, que não se assemelha ao universo fechado da função fálica, mas que a "parasita" e nela se faz presente. Por isso mesmo o ato analítico tenta fazer falar o que nenhuma dedução ou argumentação é capaz de completar. Ele visa, no limite, à diminuição da distância entre os enunciados (saber) e a enunciação (a exigência pulsional que define o modo particular de inserção daquele sujeito na linguagem). O sujeito é, assim, convocado a verificar de que forma sua estrutura se constituiu a partir de elementos contingentes, às vezes insignificantes, que adquiriram uma ação significante ao fixar o investimento libidinal.

A perseverança de Freud, sustentada por uma atividade clínica *sui generis* para sua época, levou-o a um ponto-limite na construção daquele saber, no momento que ele deparou com a necessidade de postular o conceito de pulsão de morte. Tratava-se da necessidade lógica de postular um ponto exterior à ação interpretativa, pois sua clínica lhe indicava a reação terapêutica negativa, a compulsão à repetição e o mal-estar, independentemente do saber estabelecido pelo analisante. A análise não poderia se restringir daí em diante à interpretação daquilo que não cessa de se escrever, daquilo que é da ordem do necessário. Havia algo do sujeito que não respondia imediatamente à linguagem; havia algo que não se deslocava plasticamente para um outro sentido, o qual pudesse fornecer uma interpretação. Freud foi demonstrando, assim, um paradoxo da economia pulsional, que fixava a posição subjetiva e a tornava imune a uma decodificação ou a um esclarecimento por parte do analista. A esperada mudança clínica que pudesse colocar um fim na análise dependia de um ato singular do paciente, ato impossível de ser antecipado por qualquer saber.

E é aqui, cabe ressaltar, que começa a surgir a particularidade da psicanálise na chamada civilização da ciência.[2] O método tornou-se susceptível a um aspecto contingente, dada a contingência da inscrição sexual para o sujeito. Freud descobriu, então, a aderência do sujeito a uma posição sintomática completamente particular. O que se encontrava na origem daquilo que se afirmava como necessário é o puro acaso. O aparelho psíquico, em seu funcionamento necessário, é apenas uma escritura de ocorrências casuais. Além do mais, o modo como está escrito impede que outro modo se manifeste. A repetição revelou, assim, o impossível de se manifestar presente em seu avesso ou, em termos lacanianos, o real em exclusão interna à inércia simbólica.

O trabalho de Freud pode mostrar os limites do simbólico tanto no que se refere à interpretação quanto no tocante à própria constituição do aparelho de gozo. Como ele afirma na *Interpretação de sonhos*, o estudo de um desses aspectos ilumina o outro, visto serem constituídos pelo mesmo material, isto é, a linguagem. Com sua postura científica, ficaram explícitos os limites impostos por uma determinação causal que, embora estando circunscrita pelo simbólico, mantém com este uma relação que, como já dissemos, Lacan qualificou de extimidade ou exclusão interna.

Freud acabou por revelar, então, que na condução de uma análise é necessário que o analista tenha, além de uma rigorosa formação científica, uma orientação ética que o faça progredir em seu esforço de sustentar a relação do sujeito com a causa de seu desejo via sustentação

---

[2] O ideal de uma ciência universal sempre exerceu uma mestria sobre os pesquisadores de todos os campos. O próprio Freud se viu preso a esse ideal de ciência e o perseguiu como um ponto exterior a ser alcançado, de modo que sua produção obtivesse uma chancela de qualidade. Sua obra é marcada por justificativas quanto à necessidade de especulações ou mesmo quanto a estratégias do uso de construções preliminares a ser descartadas em momento mais oportuno. O saber que construiu não se dirigia a uma rejeição da ciência da época tampouco a um exílio imposto por sua situação particular. Ao contrário, via seu espaço de saber legítimo como um "correlato da universalidade da ciência".

da transferência. Somente assim seriam dadas as condições para que o analisante pudesse se apropriar do ato que revelaria sua forma singular de se colocar como sujeito.

Desde a noção de perversão polimorfa, Freud enfatiza que o significante que fixa o investimento libidinal é dado de modo absolutamente contingente. Uma vez fixado, no entanto, o aparelho passa necessariamente a funcionar segundo aquela escrita. Por isso, em uma análise, a perlaboração em associação livre pode fazer surgir uma enunciação significante capaz de esvaziar o investimento pulsional daquela posição subjetiva. Essa enunciação, imprevisível para o analista e para o próprio analisante, reduziria, então, o fator quantitativo da energia libidinal ali localizada.

A psicanálise traz, dessa forma, o paradoxo de uma determinação absolutamente contingente. Como afirma Rabinovich (2000), se essa determinação fosse apenas da ordem do necessário, não precisaria haver psicanálise ou seu exercício se resumiria a uma impostura.

A presença daquele ponto-limite e intrinsecamente definido pela linguagem assustou os próprios psicanalistas, os quais preferiram restringir a psicanálise a uma teoria psicológica e o inconsciente a um campo que poderia ser desvelado. Assim, a determinação causal inapreensível pela interpretação foi eliminada, bem como as implicações éticas daí decorrentes. O resultado disso é que a psicanálise pôde se encaixar nos padrões da objetivação egóica. Mais: o aspecto contingencial deixou de existir e somente o campo das relações estabelecidas como da ordem do necessário poderia ser analisado.

Dito de outra maneira, os psicanalistas resistiram aos próprios achados freudianos sob a capa de um avanço científico ou para ficarem em conformidade com uma posição epistemológica cômoda, a qual pressupõe uma harmonia entre o sujeito e o saber que o compreende. Houve uma denegação do desejo do analista em sua homologia com o sujeito que a psicanálise revelou. O movimento de retorno a Freud, empreendido por Lacan, baseou-se claramente na necessidade de formular um conceito de sujeito para além da objetivação egóica, mesmo que tal sujeito fosse explicitado por uma definição aconceitual. Lacan adota, para tanto, uma definição de sujeito que mostra a impossibilidade de um conceito vir representá-lo: "um significante é o que representa o sujeito para um outro significante". A definição mostra o campo de abrangência do conceito circunscrito à linguagem, mas impede que tanto o sujeito quanto o significante sejam referentes externos àquele campo. O "desejo do analista" é, também, um sintagma que carrega tal impossibilidade. É por isso que o desejo de analista implica uma concepção de sujeito que lhe é pertinente.

Lacan fez todo esse trabalho não apenas pelo viés ideológico mas, principalmente, pela demonstração de que o sujeito sobre o qual a psicanálise incide é o sujeito da ciência originada pelo *cogito* cartesiano. Isso tem muitas implicações. Contudo, deter-nos-emos brevemente apenas no que se refere ao ponto de co-existência entre o sujeito e o discurso que deve sustentá-lo a partir do desejo do analista.

Esse ponto é o que se refere à colocação do sujeito em condições de análise iguais às de qualquer fenômeno a ser estudado, isto é, esvaziado de qualidades e determinado a partir de elementos puramente contingentes. Em seu retorno a Freud, Lacan explicita a afirmação do sujeito cartesiano e sua subversão pelo deslocamento do ponto de apoio de toda determinação subjetiva.

A afirmação de que a psicanálise incide sobre o sujeito da ciência nos alerta para o fato de que o sujeito estabelecido pelo surgimento da ciência moderna não é mais aquele em sintonia com a natureza, que interage com ela de forma quase mágica e que se encontra representado em suas produções. Pelo contrário, o sujeito revelado por Descartes é aquele afastado da natureza por uma forma nova de se inscrever no simbólico. O *cogito* revela um sujeito pontual e evanescente, definido pelo ato de pensar, isto é, tendo sua existência confirmada apenas a cada proferimento do ato. Não há mais identidade entre sujeito e qualquer individualidade empírica; sua consciência não é mais garantia de uma existência perene, pois sua posição subjetiva é apenas reflexo de uma determinação pela linguagem, que extrapola a possibilidade de o sujeito dominá-la.

Em resumo, é a enunciação em si mesma que define para o sujeito o real de sua existência, independentemente do conteúdo desse ato ou de qualidades que poderiam definir uma essência dita humana. As qualidades perceptíveis passam a estar sujeitas ao engano e o método passa a ser uma forma de questionar ou de manipular a linguagem, de modo a não aceitar as aparências sensíveis como naturalmente verdadeiras. A intuição, a *gestalt*, cedem lugar à literalização que, como nas fórmulas de Física, destituem as qualidades aparentes dos objetos e buscam "galileicamente" o estabelecimento do saber como relações passíveis de ser obtidas pela combinação de letras e pela experimentação.

A partir daí, o que caracteriza a atividade científica é o estabelecimento de uma escritura que permite a ultrapassagem das características empiricamente observáveis dos fenômenos. O universo perde seu caráter divino e se mostra contingente, isto é, podendo ser infinitamente diferente do modo como se apresenta. Será a literalização que trará uma regularidade aos fenômenos, cabendo aos cientistas a maturidade de julgar as manifestações aleatórias a ser descartadas em cada experimento e aproveitar somente as que se submetem à escritura possível naquele momento da história de sua ciência?

Mais ainda: aquilo que era encarado como o que deve necessariamente ocorrer passa a ser visto como o que deve necessariamente obedecer àquela forma de escrever o aparecimento contingente. O objeto cuja essência deveria ser conhecida cede lugar a um conjunto de propriedades residuais cuja escritura sustenta a eliminação do contingente que a originou. Por isso mesmo Milner afirma que o necessário é uma cicatriz do contingente (1996, p. 52).

Há, então, uma certa equivalência entre o real da ciência e o da psicanálise, o que poderia nos levar a perguntar se há equivalência entre os desejos do analista e do cientista.[3] Contudo, as leis científicas são uma forma de literalização subtraída de qualquer desejo, o que torna o discurso resultante um discurso no qual o sujeito aparece como falta. Aqui não cabe o deslocamento do sujeito entre os significantes como na chamada linguagem ordinária, por isso podemos dizer que o discurso da ciência foraclui o sujeito.

---

[3] O caso do "Homem dos lobos", por exemplo, pode esclarecer o que acontece com o paciente quando o desejo do analista se confunde com o desejo do cientista. Freud sancionou o saber do Outro e, ao expor o saber, ele abortou o trabalho de perlaboração do paciente. Esse trabalho, chamado por Freud *durch arbeitung*, realiza-se como a própria expressão em alemão o indica, através de algo que se consolida como causa, como constância pulsional que não se esvanece. Mas por se realizar através desse algo é que tal trabalho tem a dimensão de franqueamento, de travessia que acaba fornecendo ao sujeito a causa em relação à qual ele deve dar seu assentimento e assegurar sua singularidade. No caso de o "Homem dos lobos" Freud acabou, então, por impedir a construção da fantasia de modo particular pelo paciente em favor do saber de sua ciência (BERNARDES, 2000).

Assim, o real da ciência mantém diferenças radicais com o real da psicanálise, o qual emerge suportado por um sujeito e revelado como trauma ou mau encontro. Entretanto, o cientificismo que descrevemos está na base dos pressupostos da psicanálise em relação ao sujeito. Como Mônica Lima (2001) demonstrou com muita sofisticação, o sujeito que resulta dessa escritura e que se submete a uma análise está, dessa maneira, entre o necessário e o contingente. A ação significante sobre o corpo resulta em uma singular imbricação que a psicanálise considera como sendo seu sujeito. Essa escritura constitutiva, composta pelo que Freud chamou de representações e pulsões, impõe um limite na possibilidade de o sujeito vir a ser qualquer outra coisa ao fixar seu modo de gozo, sua maneira de viver.

Porém, uma análise, ao se apoiar na associação livre, isto é, no convite a um trabalho de suspensão das determinações significantes e das satisfações pulsionais, dirige seus esforços no sentido de o sujeito verificar a possibilidade de poder ser infinitamente diferente daquilo que se apresenta como sendo da ordem da necessidade. Esse trabalho de perlaboração só pode ser empreendido a partir da implicação do sujeito. Somente assim, como sujeito colocado em trabalho e não como objeto de um saber, é que ele poderá efetuar o deslocamento da exclusão que lhe é imposta pela mestria do saber inconsciente e fazer emergir sua singularidade.

Tudo isso que dissemos foi no sentido de tentar mostrar que a psicanálise está condicionada internamente pela ciência, mas a ultrapassa em sua ética. A cientificidade da psicanálise não está definida por parâmetros fixados por um ideal externo de ciência, mas pela própria estruturação da experiência que a ciência permite ao revelar qual é o seu sujeito.

Algumas questões surgem aqui: Aqueles que nos demandam análise nos dias atuais estão mesmo dispostos a entrar nessa viagem, mesmo que mantenhamos a produção desse sujeito como horizonte?[4] E a causa do

---

[4] Cito literalmente: "Quanto aos pacientes da década de 1990, eles não se parecem com os de antigamente. De maneira geral, são conformes à imagem da sociedade depressiva em que vivem. Impregnados do niilismo contemporâneo, apresentam distúrbios narcísicos ou depressivos e sofrem de solidão e de sintomas de perda de identidade. Muitas vezes, não tendo energia para se submeter a tratamentos longos nem o desejo de fazê-lo, têm dificuldade de freqüentar o consultório dos psicanalistas regularmente. Faltam com facilidade às sessões e, às vezes, não suportam mais de uma ou duas por semana. Na falta de recursos financeiros, tendem a

desejo, sendo um mais-de-gozar, não contradiria o sujeito inicialmente pretendido por Lacan? É possível zerar o gozo para a obtenção do desejo em escala invertida? A afirmação lacaniana no *Seminário XX* sobre a substancialidade do gozo, sem o qual seria vão o universo, não traria ressonâncias sobre o desejo do analista? Isto é, não haveria implicações para a condução de uma análise a partir da constatação de que o sujeito não pode ser encarado apenas pelo viés da falta-a-ser? Como articular a afirmação de Lacan sobre a criação do gozo pelo significante com a noção de que o significante mortifica o sujeito? Como operar com a produção de uma diferença absoluta a partir do simbólico contando com a presença de um quantum de gozo irredutível? O impossível com o qual esbarramos não pode também ser caracterizado como o limite da produção da diferença absoluta imposto pelo gozo?

A operatividade da psicanálise se baseia em um modo especial de lidar com a contingência. Ela reconhece uma satisfação que é chamada pulsional exatamente por não estar sujeita a regras universais. Isso implica que a psicanálise faz semblant de ciência. Por quê? Porque aquilo que abrirá o campo de um amor sem limites de uma análise é puramente contingente. Não há nenhuma prescrição de saber que garanta a abertura para a transferência tampouco sua manutenção. Pelo contrário, o que é contingente tende ao desaparecimento. Por isso o encontro entre dois sujeitos pode ou não gerar uma análise, mas uma vez iniciada, o desejo do analista fará com que ela tenda a desaparecer exatamente por seu caráter contingencial.

O desejo de diferença absoluta tem por objetivo último retirar o analista, pois é isso que permite fazer a separação sujeito-objeto, ao extrair daí o gozo. Tal gozo, sustentado por aquilo que se evidencia como da ordem do necessário, atualiza-se na transferência e, ao provocar a diferença absoluta através da ocupação de um lugar de semblant de causa, o analista provoca, com sua queda, a extração do investimento pulsional que se configurou com a repetição. A separação é, assim, a operação que permite colocar o a no lugar do sujeito esvaziado pelo significante.

suspender o tratamento assim que constatam uma melhora em seu estado... Essa resistência a entrar no dispositivo transferencial significa que, se a economia de mercado trata os sujeitos como mercadorias, os pacientes também tendem, por sua vez, a utilizar a psicanálise como um medicamento, e o analista, como um receptáculo de seus sofrimentos" (ROUDINESCO, 1999, p. 160).

O curioso é que os analisantes relatam nesse momento estarem experimentando "um pouco mais de liberdade" (como nos relembra D. Rabinovich). O enigma do desejo do Outro passa a ser encarado como causa em relação à qual eu me responsabilizo, não como determinação de uma resposta necessária. É a partir de uma redução à necessidade que se encaminha simultaneamente para uma redução à contingência. A extração do gozo pela redução, pela convergência a pontos decisivos da vida do sujeito, possibilita a redução do fator quantitativo carregado pelos S1, e também a separação da posição de objeto de gozo. A presença da contingência passa a ser correlata da experiência da aquisição de uma liberdade possível. Se o analista for dominado pelo ideal de dissolver até a cicatriz da contingência, ele estará trazendo o horror de uma liberdade sem limites, de um desarvoramento causado por uma implosão do recalque. Há apenas um pouco de liberdade, uma liberdade possível.

Seria esse pouco de liberdade, sustentado pela experiência de um amor sem limite, um dos motivos que ajudam a dar consistência aos efeitos de transmissão gerados por uma análise? E seria também por isso que os analistas conseguem suportar a paixão da transferência de um sujeito?

Se o analista se situa na transferência como semblant de uma causa que só se faz sentir a posteriori, após a queda do objeto, o desejo do analista visa, em última análise, fazer com que o analista não seja mais necessário para que algo se escreva. Para tanto, o desejo do analista busca a perda do lado do analista mais do que do lado do analisante. Essa retificação teórica é importante porque ajuda a eliminar a paixão pela falta do analisante sustentada por muitos psicanalistas.

Gostaria de finalizar, contrariando o rigor acadêmico, com as palavras esclarecedoras de Diana Rabinovich (2000, p. 124):

> A contingência deixa uma porta aberta para o sujeito, mas desdramatiza a queda do analista, que aceita ocupar o lugar da contingência da estrutura, não de uma necessidade estrutural. Por isso, convém lembrar aos analistas que não devem se sentir necessários, pois no final de uma análise será revelada sua contingência: cessarão de escrever.

Referências

BERNARDES, A. *Elaboração de saber na análise*. Tese (Doutorado em Teoria Psicanalítica) – Universidade Federal do Rio de Janeiro, Rio de Janeiro, 2000.

FIGUEIREDO, A. C. *Vastas confusões e atendimentos imperfeitos*. Rio de Janeiro: Relume-Dumará, 1997.

LACAN, J. Função e campo da fala e da linguagem em psicanálise. In: LACAN, J. *Escritos*. Rio de Janeiro: Jorge Zahar, 1998.

LACAN, J. *O seminário, livro 11: os quatro conceitos fundamentais da psicanálise*. Rio de Janeiro: Jorge Zahar, 1985.

LIMA, M. A. Costa. *O sujeito da psicanálise entre o necessário e o contingente*. Dissertação (Mestrado em Psicologia) – Faculdade de Filosofia e Ciências Humanas, Universidade Federal de Minas Gerais, Belo Horizonte, 2001.

MILNER, J.-C. *A obra clara – Lacan, a ciência, a filosofia*. Rio de Janeiro: Jorge Zahar, 1996.

RABINOVICH, D. S. *O desejo do psicanalista: liberdade e determinação em psicanálise*. Rio de Janeiro: Companhia de Freud, 2000.

ROUDINESCO, E. *Por que a psicanálise?* Rio de Janeiro: Jorge Zahar, 1999.

SUMIC, J. *Universal, singulier, sujet*. Paris: Ed. Kimé, 2001.

Uma erótica pragmática?[1]

1. O não-todo como uma nova formulação para a contingência

As enunciações de Lacan exigem que retornemos a elas, apesar de serem muito conhecidas. Elas causam um trabalho constante por parte do psicanalista e, mesmo assim, conseguem deixar muito ainda por fazer. A seguinte afirmação, contida no Seminário XX, é uma delas: "Não é porque ela é não-toda na função fálica que ela deixe de estar nela de todo. Ela não está lá não de todo. Ela está lá a toda. Mas há algo a mais" (LACAN, 1973; 1985, p. 100). Acho importante tentar deslindá-la um pouco mais, pois ainda persistem, apesar da freqüência com que é mencionada, muitos equívocos em relação à sua formulação da lógica do não-todo. Além disso, a noção de contingência ali implicada parece não ter sido suficientemente explorada. Acreditamos tratar-se de uma nova maneira de conceber o problema da contingência, por não se restringir apenas a uma análise da linguagem como faz, por exemplo, Richard Rorty (1992). A novidade introduzida pela psicanálise, através da formulação da contingência em termos do não-todo fálico, coloca também o gozo como fator determinante na consideração do problema. Nesse trabalho, tentarei argumentar que essa consideração da contingência traduz a possibilidade de um uso da linguagem a partir do excedente de gozo que permanece como característica do sintoma após a análise.

---

[1] Para Anna Carolina Lo Bianco e Ana Lúcia Lutterbach Holck. Agradeço a Marcus André Vieira pela sugestão dessa expressão para caracterizar a perspectiva pragmática a que me refiro.

2. A função do escrito

A consagrada expressão "a mulher é não-toda fálica" é utilizada, em nosso meio, para diferenciar a posição feminina da posição masculina, esta sim considerada toda fálica. Assim, como entender a afirmação acima? Como a mulher está a toda na função fálica, mas não de todo? É correto o entendimento comum de que a mulher só é capturada parcialmente pelo falo? A castração feminina indica a mulher parcialmente submetida ao falo? Se assim for, de quanto deveria ser o impacto fálico sobre o sujeito para que ele se pronunciasse feminino? Há uma ênfase no fator quantitativo? Se sim, a afirmação não implicaria estabelecer a feminilidade deficitariamente em relação à libido, masculina por definição? O que é o algo a mais a que Lacan se refere?

Tornou-se comum depreciar o voluntarismo, a determinação e mesmo a coragem de algumas mulheres com um taxativo "mulher fálica". Mas se o falo é o instrumento pelo qual se escreve a sexuação, como pensar um sujeito não fálico? Temos que pensar a questão com Lacan para evitarmos as armadilhas da linguagem, embora outras ainda nos espreitem.

Sabemos que a releitura lacaniana de Freud insistiu em ordenar o pensamento do fundador da psicanálise a partir de seu próprio método. Isso porque Freud nem sempre foi freudiano, como afirmou Cottet (1984) na abertura de seu livro sobre o desejo do analista. Lacan pretendeu, então, explicitar a lógica do pensamento freudiano, de modo a lhe dar mais coerência e extrair conseqüências não previstas pelo próprio Freud. É claro que esse procedimento tornou evidentes outros problemas, que continuam sendo trabalhados e ainda necessitam maiores elaborações, como é o caso da mulher e a lógica do não-todo.

Ficamos sabendo, ainda a partir de Lacan, que a pergunta de Freud sobre a feminilidade é uma pergunta impossível de ser respondida, dada a maneira como foi conduzindo sua teoria: a opção de Freud foi pelo viés do falo e as dificuldades com a castração. Ele enfatizou, então, os aspectos simbólicos e o recalque, pois não dispunha de meios teóricos para construir uma teoria a partir do real. A neurose foi o modelo, e o falo e a castração eram os operadores que se apresentavam para consolidar a clínica e a teoria. Como, então, responder com o falo a uma questão que pretendia responder sobre uma forma de sexualidade que escapasse do falo? A pergunta foi sendo recolocada e a feminilidade ficou como enigma, como continente negro da psicanálise.

Lacan, ao partir da lógica da linguagem, ou mais precisamente (apesar do pleonasmo) da lógica do significante, foi revelando que qualquer enunciado, seja ele teórico ou não, carece de condições materiais para dizer toda a verdade. É necessário um ponto exterior ao conjunto de enunciados para que ele possa existir como tal. Estou simplificando, é claro, mas seria próprio do efeito significante deixar um elemento não pertencente à cadeia. Miller afirma em uma conferência sobre a lógica do significante que tudo pode ser dito, mas não de uma só vez. Algo fica de lado para que o que se diga tenha sentido – a condição daquilo "que se diga fica esquecida detrás do que se diz no que se ouve". É estruturalmente, digamos assim, imperativa. A transferência é, por sua vez, um artifício para lidar com esse fato da linguagem.

A famosa dualidade freudiana vista em numerosos pares de conceitos – princípio do prazer-princípio de realidade; pulsão de vida-pulsão de morte; pares de opostos como destinos da pulsão; a idéia de uma causa externa às razões inconscientes, porque o inconsciente não pode ser causa de si mesmo; a sexualidade fálica e a feminilidade etc. – é condição inerente à lógica do significante, determinou a construção da teoria e também, como não poderia deixar de ser, dos enigmas não resolvidos por ela ou até mesmo criados por ela.

Como pôde Lacan se manter fiel a Freud, em seu apoio na função fálica, e tentar, ao mesmo tempo, reordenar os próprios impasses freudianos advindos dessa opção teórica?

Lacan esclarece em seu primeiro capítulo do Seminário XX que não se trata de procurar entender a sexuação a partir do paradigma da relação intersubjetiva – "Isso (ça) não tem nada a ver com eu ou tu" –, mas a partir da lógica da incidência da posição masculina sobre a mulher. O problema é que "tudo gira ao redor do gozo fálico", que "é o obstáculo pelo qual o homem não chega a gozar do corpo da mulher". O obstáculo a uma compreensão do gozo dA mulher, que uma teoria baseada na função fálica revela, se superpõe, assim, à própria impossibilidade da relação sexual, único matema que sustenta de fato o discurso analítico.

Se o sexo da mulher não diz nada ao homem – ao imperativo da função fálica –, é exatamente porque ela está colocada ali como o objeto que lhe permite ter acesso ao único gozo que lhe é permitido: justamente o fálico. Como conseqüência, o sintoma histérico se caracterizaria pela recusa em se tornar sintoma de outro corpo. Além disso, o inconsciente pode ser verificado a partir de uma posição não ontológica, isto é, como o discurso que se estrutura em relação ao Outro sexo.

O recurso lacaniano é, dessa maneira, verificar primeiro como se dá a lógica do gozo fálico e depois verificar as conseqüências dessa posição para a mulher. Assim, mantém o impedimento de uma solução imaginária baseada na complementaridade dos sexos e o impasse da relação intersubjetiva. A estratégia torna mais evidente a inexistência da relação sexual e, ainda por cima (!), enfatiza a castração para o homem, ao mostrar que ele apenas goza de sua fantasia: o sexo da mulher não lhe diz nada, a não ser pelo gozo do corpo.

Os lugares do homem e da mulher são, assim, distintos, e não a função que rege a sexualidade. Essa heterogeneidade dos lugares aponta o lugar do Outro, "de um sexo como Outro". Desse modo, o que há de mais ainda – fora o implícito no duplo sentido de *en corps/encore*, na citação anterior – são as implicações que os lugares trazem para os seres falantes ou, mais especificamente, como o lugar ocupado pelo homem afeta e é afetado pelo lugar ocupado pela mulher.

Lacan recorre ao conceito topológico de compacidade para realizar seu empreendimento. O espaço de exercício da função fálica, adverte logo no início, não é a cama. Ao demonstrar sua tese sobre a compacidade do espaço do gozo sexual, Lacan vem esclarecer que a heterogeneidade dos lugares impede que se escreva a existência da relação sexual. Ele parte do conhecido paradoxo de Zenão sobre Aquiles e a tartaruga, a fim de esclarecer que os lugares ocupados por um e outro não coincidem, o que faz com que a tartaruga torne-se inalcançável. As tentativas de Aquiles tendem ao infinito em cada parte do percurso que levarmos em consideração. Seus movimentos se repetem sucessivamente e comportam uma escritura da tendência ao limite, como uma função matemática, que descreveria a repetição como da ordem do necessário.

De acordo com a sofisticada análise da utilização feita por Lacan da noção matemática de compacto, empreendida por G. Morel em seu seminário "El goce sexual", para que um espaço infinito, por exemplo, o do gozo sexual, seja recoberto, é necessário um número finito de conjuntos abertos, isto é, conjuntos que não contêm seu limite. Eles podem ser contabilizados, mas não existem meios de prever quantos ou quais deles cumprirão a tarefa. Não há método possível que defina qual dos espaços abertos realizará o recobrimento do "espaço sexual". Porém, é exatamente a possibilidade de tomar as mulheres uma a uma que cria esse "espaço compacto ligado à existência do Outro". O encontro do número de conjuntos ou de qual deles permitirá a escritura é contingente: a mulher pode ser qualquer uma, mas não há nenhuma lei, nenhuma necessidade que permita dizer qual delas possibilitará o fechamento do espaço. Coloca-se, assim, a possibilidade de pensar o infinito do não-todo diferentemente do sentido do gozo fálico, escrito como da ordem do necessário. Temos agora algo possível, repentino, contingente.

A formulação de Lacan é, portanto, topológica, e parece não ter sido ainda suficientemente explorada. Quando Lacan se refere ao não-todo e produz efeitos a partir de uma retórica sofisticada, pretende enfatizar que a mulher é não-toda do homem, dentro daquele espaço de exercício do gozo fálico. Ela está a toda na função fálica; o algo a mais parece se referir a que ela não está toda na dele ou toda em seu espaço. Ela está em outra ... mas, talvez, não totalmente!

Os problemas devem, então, ser resolvidos por uma escritura que aponte, de modo cada vez mais preciso, para o real da experiência. Essa escritura pode contrariar totalmente a intuição e aquelas proposições que "fazem sentido", revelando o modo como o real se apresenta como impossível. A impossibilidade de se escrever a relação sexual é o que propiciará a leitura do que se diz em uma análise, independentemente de aparências ou qualidades perceptíveis. O tipo de escritura introduzida por Lacan, por ser lógica e não psico-lógica, abre várias questões em estreita conexão com o real da experiência analítica, tais como: Qual é a significação do falo quando colocado como função, no sentido matemático do termo? Como tal função faz advir, para cada sujeito, um valor de gozo? Não seria o singular que revelaria de modo mais contundente o universal da castração? É necessário pensar a função universal para afirmarmos que o não-encontro no espaço da função fálica descompleta qualquer totalização?

3. O problema da singularidade: uma saída pragmática ancorada na pulsão

Ao mencionarmos a singularidade, queremos enfatizar não apenas um resultado clínico, mas a própria implicação filosófica dessa ambição para a idéia de Universal. Inspirando-nos em MILNER (1983), em sua análise sobre as classes paradoxais, e na discussão de Badiou (2001) sobre o problema do universal e da verdade, tentaremos fazer uma pequena aproximação do problema.

Penso que podemos dizer a partir da análise desses autores que o conjunto dos enunciados disponíveis em um campo de saber se revela inconsistente no momento que a singularidade (do sujeito, no caso aqui em exame) se revela. Se há singularidade é porque os predicados daquela classe de saber se mostraram impotentes para prevê-la (a singularidade). Caso contrário, isto é, se fosse possível a previsibilidade, a manifestação seria considerada apenas um caso particular de uma classe. Nesse caso, a escrita dos predicados estaria apta a enquadrar o sujeito como um exemplo da classe.

A singularidade se mostra, então, como exceção à totalização do saber disponível e, nesse instante, isto é, no instante em que se revela, torna paradoxal a classe a que deveria pertencer como caso particular. Por exemplo, quando um analista conclui por um diagnóstico de histeria para determinado sujeito, ele está apontando menos para os indicadores que o saber referencial construiu para definir a histeria e mais para a maneira particular como aquele paciente se distingue dos demais. Ele se torna histérico ao "recusar como necessárias as contingências que o singularizam, exatamente porque elas, na sua singularidade, situam-no no máximo de pontualidade, de evanescência" (FERNANDES, 2000, p. 33). Assim, o que o sujeito recusa na histeria é, exatamente, a parcialidade implicada nessa contingência. Como nos esclarece Fernandes (2000): "se sou isso, não sou aquilo e poderia ser qualquer outra coisa". Os predicados não têm uma medida certa como na ordem do necessário.

Desse modo, o que vai definir a direção do tratamento é mais o modo particular como o significante e o gozo põem em cena aquele sujeito e menos o saber teórico instituído que abrange todos os histéricos. Esse modo particular de apresentação do gozo já seria suficiente para caracterizar que o sintoma é uma formação necessária para constituir o sujeito. "Se há sintoma, então não há saber no real sobre a sexualidade" (MILLER, 2000, p. 154). O traumatismo do encontro com o Outro sexo só ocorre porque tal encontro não é preparado por nenhum saber, ele é "desarmônico em relação ao que estava lá". Em outras palavras, se há sintoma como necessário – como o que não cessa de se escrever – é porque a relação sexual é impossível – não cessa de não se escrever. Dessa maneira, o encontro com o Outro sexo, por não ser assegurado pelo instinto, só passa a ser possível através do sintoma.

A psicanálise se mostra, assim, como um tratamento do impossível, de um real que só cessará de não se escrever na manifestação contingente de cada caso. O singular revela, ao mesmo tempo, o universal da verdade e a inconsistência do saber, através da ficção que torna possível criar alguma coisa a partir dos restos não acomodados da análise. Importa saber, então, após cada análise, o que resta do sintoma que constitui o sujeito como um saldo de gozo que permanece incurável. Isso só se mostra pela maneira como o sujeito inventa novas formas de vida com seu sintoma. Como afirma Lacan: "talvez tenhamos uma chancezinha de encontrar alguma coisa a respeito (da economia do gozo) por vias essencialmente contingentes" (LACAN, 1973; 1985, p. 159).

Esse movimento exige ainda um novo modo de compreender o problema da verdade em psicanálise. Não se trata, é claro, da verdade definida pela correspondência entre o saber e um referente nem mesmo de uma definição da verdade como o que se sustenta na coerência do saber produzido em análise. Se por um lado a coerência da forma como a associação se constrói mostra a força da realidade psíquica, por outro é impotente para modificar o modo de gozo sustentado pelo analisante. A verdade é, assim, articulável na linguagem, mas não é enunciada em nenhum ato de fala (MILLER, 2001). Dessa maneira, a coerência da associação livre não é suficiente para garantir o valor de verdade, o que exige do analisante uma saída que se evidencie na forma de se haver com o regime do gozo que a análise mostrou ser incurável. Podemos afirmar que se trata de uma saída ética, pois implica a forma como o sujeito vai fazer uso de seu sintoma em relação ao Outro, já que a única forma de relação possível é a mediada pelo sintoma. Para tanto, a análise deve propiciar as condições para que o analisante crie, de modo singular, uma forma de vida que considere o real de seu sintoma. Poderíamos dizer, então, que a psicanálise é uma erótica pragmática que faz brilhar a verdade ancorada no saldo de gozo que constitui o *sinthome*?

4. Conclusão

A ênfase na escritura é, enfim, crucial para a sustentação do discurso analítico. A inexistência da possibilidade de enunciar uma lei que indique qual Mulher recobrirá o espaço do gozo sexual se torna o indicador de que a psicanálise deve manter uma relação feminina com o saber. A lógica que explicita seu lugar na função fálica revela que o real pretendido pela psicanálise é diferente daquele da ciência: este se revela pelo que as letras escrevem, enquanto que o da nossa ciência se revela pelo trauma trazido pela heterogeneidade dos lugares de um sexo ao Outro. Aliás, essa castração é que permite ao sujeito se verificar diante de um gozo Outro, que não o previsto pela escritura. Castello Branco (2003), ao relatar um exemplo de término de análise, inventa um belo neologismo para caracterizar o real em jogo na experiência analítica: "desaparecência", "desapareciência". Por isso mesmo podemos pensar, caso minha leitura da citação de Lacan sobre o não-todo não esteja equivocada, que a psicanálise mantém com a ciência a mesma relação lógica que o gozo dA Mulher mantém com o gozo fálico: a contingência e a singularidade. Isso implica, também, considerar que a redução lógica promovida pela análise conta, além do matema, com a ficção que revela, para cada um, a pragmática do *"savoir y faire"* com seu sintoma.

Referências

BADIOU, A. *Huit thèses sur l' universel*. In: SUMIC, J. (Org.). *Universal, singulier, et sujet*. Paris: Ed. Kimé, 2001.

BRANCO, L. C. Como nada mais passa na vida, exceto ela – Notas sobre a experiência do passe. In: GONTIJO, T.; RODRIGUES, G. V.; FURTADO, A. A. P. *A escrita do analista*. Belo Horizonte: Autêntica, 2003. p. 223-232.

FERNANDES, F. L. *Psicanálise e formalismo*. Tese apresentada ao Programa de Pós-Graduação em Teoria Psicanalítica da UFRJ. Rio de Janeiro, 2000.

LACAN, J. *O seminário. Livro XX: Mais, ainda.* Rio de Janeiro: Jorge Zahar Editor, 1985.

MILLER, J. A. A teoria do parceiro. In: *Escola Brasileira de Psicanálise* (Org.). Rio de Janeiro: Contracapa Livraria, 2000.

MILLER, J. A. *La naturaleza del semblante.* Buenos Aires: Ed. Paidós, 2001.

MILNER, J. C. *Noms indistincts.* Paris: Seuil, 1983.

MOREL, G. *El goce sexual.* Bordeaux: Séminaire des Echanges de la ACF, 1992–1993. Traduzido para o espanhol por Miguel Bosch e Teresa Monreal, Ed. Literal.

RORTY, R. *Contingência, ironia, solidariedade.* Lisboa: Editorial Presença, 1992.

Verdade e ficção em uma erótica pragmática[1]

Este texto foi apresentado no "Colóquio de Literatura e Psicanálise: o e da questão", realizado pelo Programa de Pós-Graduação em Letras da UFMG, em 6 e 7 de novembro de 2003. Sua intenção é analisar as relações entre verdade e ficção, sob o ponto de vista da psicanálise e, a partir disso, explicitar algumas conseqüências para a clínica e teoria psicanalíticas. Delineia, ainda, algumas reflexões sobre a teoria da feminilidade de Lacan, tomando-a como necessária para pensar as relações entre a verdade e o real por meio da contingência.

> – a mulher, quero dizer o em-si da mulher – como se se pudesse dizer todas as mulheres – a mulher, insisto, que não existe, é justamente a letra. (LACAN, 1995).

Feliz e oportuno o título deste colóquio. O conectivo e pode sugerir, por um lado, a conjunção e a disjunção envolvidas entre os campos da ficção e da psicanálise. Poderíamos pensar na soma fantasmática das partes, mas o espírito do nosso colóquio não é, evidentemente, esse. Por outro, ressalta o espaço onde a diferença entre dois significantes pode favorecer alguma escrita e, ao mesmo tempo, impede a absorção de um dos pólos pelo outro. Além disso, ao mencionar que o e está em questão, nos alerta para o fato de que o conflito como marca da teoria psicanalítica pode estar com os dias contados. Nesse caso específico, a literatura seria o campo que absorveria a psicanálise? Seria o campo que ocuparia o lugar que um dia já foi imaginado ser da medicina, da filosofia, da psicologia, e de outros tantos? O caso contrário seria o

---

[1] Para Elisa Arregui Maia, Gilson Iannini e Márcia Rosa Vieira.

horror – o de decretar o fim da ficção –, pois isso significaria que a psicanálise teria conseguido dominar o real. Estamos descrentes da interpretação, da história, agora que constatamos que o simbólico não descreve a verdade? Ou melhor, que não há verdade a ser descrita pelo simbólico? Se a verdade tem a estrutura de ficção, o que significa o e do título desta mesa? A conexão entre os dois termos indica que há algo do real aí subtendido? Se a verdade se revela na dependência do sentido, ela deixa de ser necessária à psicanálise? Ou o e indica apenas que não é possível dizê-la toda? Não contamos com a possibilidade de um tratamento do real pelo real, de uma estética pulsional? Ou podemos contar com uma noção de verdade diferente da de uma verdade suposta de ser revelada? De qualquer maneira, a discussão, além de clínica, complexa e pantanosa, é também ética.

O problema se coloca porque não há referente para o discurso. A verdade por adequação, por correspondência com a coisa, ou mesmo a verdade por coerência na associação livre, é insuficiente para caracterizar as relações entre o significante e o real. O discurso se sustenta através de um grampeamento arbitrário efetuado por um elemento do próprio discurso, o qual nos dá o *semblant* de um referente. Isso nos possibilita o laço social e faz com que não vivenciemos o discurso como delirante. Porém, o uso do significante é arbitrário.

Além disso, a língua é não-toda, sendo impossível prever as possibilidades de significação. Há sempre um excedente de gozo que não se submete às marcações significantes, deixando em aberto o uso e a possibilidade de invenção de um significante novo. A dualidade, sustentada por um e, sempre foi a marca da psicanálise.

Desde o início, Freud sustentou a dualidade pulsional em suas várias versões, caracterizando a impossibilidade de constituir a síntese entre os elementos em conflito. Ressaltou o obstáculo como o real a ser tratado e como o sinal da impossibilidade de absorção dos elementos, a não ser pela via do sintoma. Nesse sentido, o sintoma era o problema, pois juntar pedaços (sin-toma) seria a forma de evitar a castração.

A dualidade como marca teórica foi sendo revelada de diversas formas e em diversos níveis, desde o da construção metapsicológica até os meios para lidar com a dualidade significante-pulsão, seja na clínica seja no relato do caso. Como construir um caso clínico a partir de um romance familiar? Isto é, como extrair alguns elementos de uma narrativa singular e elevá-los à categoria de estrutura? Mas conseguida a façanha, como escutar outro analisante sem realizar a via de mão dupla, isto é, respeitando-se sua singularidade, a contingência de sua história, sem reduzi-lo a um caso particular da função universal, ao elidir sua verdade? Sabemos, por exemplo, que o diagnóstico estrutural é paradoxal: cada manifestação histérica, por exemplo, mostra-se como exceção ou diferença em relação aos demais casos já atendidos de histeria. Embora contemos com o saber referencial, cada análise é conduzida em função daquele caso particular.

Assim, podemos dizer que o inconsciente se estrutura como linguagem, de maneira contingente, a partir do encontro com o real. Podemos até verificar as verdades da linguagem e construir um universal abstrato, mas não estaremos descrevendo a "verdade" do inconsciente. Precisamos também da contingência, da enunciação. Em outros termos, como conjugar um escrito científico "e, portanto, descomprometido com a sedução estilística da narrativa" (TEIXEIRA, 2002, p. 20), em favor da dissecação dos elementos constituintes do sintoma, com uma escrita que facilite a recepção pelo leitor? Como conjugar, em uma interpretação, a palavra que não apenas alcance o fator quantitativo, mas também favoreça a subjetivação do real pelo analisante? Como pensar o fim ético universal de fazer coincidir o desejo e a lei, válido para todos os sujeitos, com a presença de um sujeito finito, contingente? (LIMA, 2002) De que maneira sustentar a ênfase na perda de gozo, caracterizada pela castração e pela função fálica, em face do encontro particular com o amor e com o gozo? Como lidar, ao mesmo tempo, com a Lógica que busca uma certeza e com a Retórica, que nos aponta o provável da verdade? (MILLER, 2001, p. 15-18) Com o necessário e o contingente; a ciência e a poesia; o matema e a ficção; o homem e a mulher...?

O e talvez seja, de fato, o elemento presente que garante a possibilidade de pensar a verdade "como uma parceira resistente, que traz consigo as dificuldades próprias de um amor difícil" (SANTIAGO, 2003). Sua exclusão – a do e – torna qualquer um dos elementos das oposições acima incapaz de fazer a verdade cintilar na impossibilidade de ser enunciada.

Todas as oposições citadas parecem remeter a uma tentativa de escrita da relação sexual impossível. Não estou sendo reducionista, pois as estou considerando dentro de nosso campo epistêmico também um caso particular de escrita incluído no campo do saber.

Eliminar o **e** em questão é abandonar um ou vários pólos do conflito em favor de uma saída que escamoteie a inexistência da relação sexual. Seria eliminar o sintoma que nos indica que há real. Se há um sintoma que resta após um esvaziamento do gozo, que se mostra como sem-sentido, é porque não existe um saber no real sobre a relação sexual. Se o real dos sexos fosse fielmente traduzido pelas letras, haveria, como na ciência, um saber no real. Não haveria, portanto, o sintoma. O conflito estaria dirimido e a psicanálise poderia se contentar com sua dimensão puramente terapêutica, ou seja, a de acomodar as pulsões à linguagem. Também não haveria o que criar com os restos sintomáticos, pois estaríamos restritos ao regime do necessário.

O problema é que aquele conflito, em suas várias dimensões, é suportado por um sujeito sob a forma de um trauma. É a verdade que se mostra no instante mesmo em que o real se esvai, caracterizando uma desaparecência, uma desapareciência (CASTELO BRANCO, 2003, p. 223-232). Há, assim, um real que interessa à psicanálise exatamente por mostrar um impossível a ser sabido e, por isso, criamos um sintoma. Esse sintoma pode ser um problema, mas pode se transformar em solução, se tivermos certa sabedoria ou uma douta ignorância para adotá-lo como fonte de criação. Pelo menos é o que o analista tenta fazer ao trabalhar sob transferência. Como afirmou Lacan no *Seminário VIII*, a transferência é a "fonte de ficção onde o sujeito constrói alguma coisa" (LACAN, 1992, p. 207), caso o analista o permita, é claro. Digo isso porque a imersão no ficcional faz supor a existência de um sentido último a ser revelado como a verdade das razões construídas. Mas, como já disse, o título de nossa mesa sugere, pelo menos para mim, que a verdade passa a ser interessante quando confrontada com o real. Como então lidar com as ficções e chegar ao sem-sentido do real? Como contar com o *pas-de-sens*, o *pas-a-lire*, com a ausência de sentido e leitura e, porque não, de delírio, mas que, simultaneamente, nos dá o passo a ler e permite que o significante se torne novo?

Para fazer com que o real seja tomado como verdadeiro, o sujeito deve se apropriar do ato analítico. Se o analista se prende aos ditos e se esquece do dizer no que se ouve, a construção da ficção ancorada no enigma pulsional se torna interditada. A validade da proposição depende, também, da enunciação, de modo a fazer com que o ficcional dê a tão almejada qualidade de vida retirada pelo discurso da ciência, conforme nos ensina Bento Prado sobre a crítica de Wittgenstein à ciência.

A psicanálise sempre nos indicou isso, mas foi necessário a construção de uma teoria sobre a forma de inclusão da mulher na função fálica para que isso se tornasse evidente. Antes da intrusão da contingência, do não-todo, preferimos o Pai idealizado, de modo a sustentar o universal da função fálica (LAURENT, 1992). O Nome-do-Pai se tornou a referência privilegiada, e a estrutura adquiriu o valor de escrita do real da castração da Mãe. Tudo faz manter o mito universal do Édipo. Esquecemos, porém, que o Pai sustenta sua virilidade diante do gozo de **uma** mulher, e que a mãe não precisa ser boa, basta ser suficientemente mulher e se posicionar como causa. Vista dessa maneira, a estrutura é uma forma contingente de organizar os elementos a partir do encontro com o real. Ela é semblante (MILLER, 2003, p. 22).

O predomínio da articulação significante escandiu a dimensão do gozo do vivente como se se pudesse escrever, pela estrutura, o que seria o real da impossibilidade sexual, o qual permanece em fuga. Contudo, a partir da noção de *semblant*, Lacan nos deu a letra, ponto de Arquimedes para um retorno möebiano à pulsão.

A letra é, assim, o ponto de interseção entre linguagem e gozo, mas mantém a tensão, dada sua própria característica de alojar um gozo no vazio da escrita (LIMA, 2002). Ela revela o que não se dá a ler, o que exige a decifração, mas é também cifração e fonte de possibilidade ficcional. O ficcional que interessa exatamente por fazer valer a verdade durante sua própria construção, é aquele que se ancora nos elementos que funcionam como propriedades residuais, incuráveis, sem plasticidade. O sujeito advindo dessa operação com a letra está sempre na dependência do ato, está sempre por vir.

Isso nos faz ver que a verdade para a psicanálise é complexa, desdobrada em ficções e não enunciada de forma simples e direta. Como afirmou Lacan em seu texto "A coisa freudiana", ela exige um percurso, é humilde. Eu acrescentaria que, por essa característica mesma, ela também é soberba, pois é alheia à realidade. Ela é o efeito da inadequação entre a coisa e a representação, entre a vida e a repetição, e superior à ordem dos acontecimentos. Ela se encontra, então, em algum lugar que o e ocupa: está nas entrelinhas, articulável à linguagem, mas não à palavra. O ato de fala não a diz, a não ser por alusão (MILLER, 2002, p. 220).

Certa vez, uma cliente disse para seu analista que queria se casar com ele ou, pelo menos, fazer sexo com ele. Mas também disse, em seguida, que ela sabia que a análise era um expediente ficcional, que o percurso iria se dar na linguagem e que, por isso, ela faria suas ficções à vontade: "Quem sabe a partir desse expediente eu possa ser tocada por alguma coisa que eu chame de minha verdade?", arrematou. Julgava que somente seria capaz de fazer as ficções, de produzir algum sentido para a vida, se se sentisse invadida por algum excesso de amor, medo, vaidade etc. Por isso estava a inflacionar o imaginário da transferência.

Após algumas sessões, como se estivesse curiosa com a constatação da lógica do não-todo, relatou ao analista ter "começado a leitura de um livro sobre a mulher", o de Serge André, e se intrigou com o título de um dos capítulos: "O que posso saber disso?". Ela se perguntava se o procedimento daria certo, pois não havia nela nenhum excesso que a pudesse tocar de modo a revelar sua verdade. Mas lhe parecia evidente que havia algo que não lhe era dado saber. Entretanto, como se estivesse sabendo do parentesco da verdade com o gozo – ela não sabe que são irmãos –, anunciava que o saber que construía nessas ocasiões de excesso não lhe dava condições de conhecer sua verdade: sentia-se limitada em sua articulação de palavras, ensinando ao analista que até a debilidade conceitual que impedia a captura de sua verdade era uma forma de manifestação contingente da própria verdade. Ela acabou por esclarecer, ainda, o que afirma Lacan no final do *Seminário XVII*: a verdade é o que não se pode dizer ou é o que só se pode dizer com a condição de não levá-la até o fim (só se pode semidizê-la). É a própria linguagem que o impede, pois ela é um aparelho de gozo que funciona como limite. Por isso só se interpela o gozo pelo semblante.

A verdade funciona, então, apenas como um lugar que o saber ocupa para interpelar o sujeito quanto à causa do desejo. Nesse sentido, ela mudou de status durante a elaboração teórica de Lacan. Em "Ciência e verdade", por exemplo, ele disse que o procedimento de Freud foi o de fazer a verdade falar, caminhando na contramão do empreendimento científico. Com o deslocamento do inconsciente para o lugar do saber, a verdade teve sua impotência desnudada e passou a ser o que se oculta sem, contudo, ter o poder metafísico de estruturar a ficção. Ela se desdobra no processo de procurá-la pelo sentido. Apesar disso, continuamos a sustentar sua existência e sua importância no caráter mesmo da singularidade: o singular, o modo como o ato revela o sujeito como resposta única ao real, é que vai nos ensinar sobre um universal concretamente realizado naquele instante.

A verdade, então, insiste para ser decifrada, mas deve ser repensada a partir da singularidade, da explicitação do não-todo. O lado masculino das fórmulas da sexuação nos ensina a possibilidade da demonstração a partir da modalidade do necessário. Mas o não-todo abre a possibilidade de pensar infinitos modos de ser e mostra que o universal da função fálica não prevê como se dará a forma de existência.

Essa condição da verdade, no entanto, não implica que possamos adotar um relativismo. Ao contrário, seu lugar se desloca para o que a inexistência dA Mulher nos ensina: estabelecer como a contingência revela o universal da presença da verdade em ato. Como não há um significante que totalize o que seria a mulher, pois isso seria um paradoxo, sua existência pode se dar ou não. Do mesmo modo, para que o sujeito se faça pelo desejo, é necessário um ato que o desvencilhe de procurar sua verdade. O efeito de verdade é constatado no a posteriori: ele vem por acréscimo, não como condição.

Assim, é a teoria sobre a Mulher que revelará o real que nos interessa, aquele caracterizado pela impossibilidade de se escrever a relação de um sexo com o Outro. A demonstração desse impossível nos traz uma complicação adicional à da ciência, pois teremos de fazê-lo pela contingência. Didaticamente, podemos dizer que a psicanálise se vê, então, obrigada a operar **entre** (ou, a partir de) dois momentos, já que encontramos o real que nos interessa somente se considerarmos, em um primeiro momento, a redução aos elementos mínimos que escrevem o necessário. O segundo momento seria o da contingência que torna possível, pelo ato e pela invenção, mostrar uma forma de operar com o gozo que parasita a literalização. Uma operação que constituirá uma escrita, talvez até mesmo um estilo.

Continuamos a depender, então, tanto da vocação científica quanto de uma criação "literária" em psicanálise. De um lado, o impossível da ciência que se revela pela necessidade – o que não cessa de não se escrever como resultado do que não cessa de se escrever. De outro, o real da psicanálise que se mostra pela contingência, pelo encontro que faz cessar o impossível da relação sexual (IANNINI, 2003).

Por isso dissemos que a verdade se desdobra em outros registros, que ela não se revela ou não se demonstra. O lado da Mulher mostra a possibilidade da invenção, de uma forma de operação com o *semblant* de **a**, esse *semblant* privilegiado que nos permite trabalhar a partir de um real com a estrutura de ficção, ao ocupar o lugar deixado pela impossibilidade do todo da língua. A verdade é, assim, como mulher e, por isso, concordamos com Miller quando ele diz que "a verdadeira mulher é a que não tem, mas faz alguma coisa com esse não ter" (MILLER, 2002, p. 19).

Assim, não podemos prescindir da noção de verdade porque é com ela que interpelamos a relação do sujeito com o real. O simbólico encontrado no real após a análise permite a certeza e, por isso, continuamos a precisar da lógica. Mas além disso, para que a certeza se mostre verdadeira, é necessária a subjetivação, é necessário que o sujeito se aproprie desse encontro com o real para torná-lo (o encontro) verdade.[2] Para tal contamos tanto com a satisfação irredutível da pulsão, a que não se esvaece tampouco se atravessa, quanto com as infinitas possibilidades da alíngua. É essa subjetivação que suspende o paradoxo da satisfação pulsional e que revela, em uma pragmática do gozo,[3] uma verdade desdobrada entre o necessário e a contingência.

---

[2] Tornar o encontro verdadeiro no sentido de criar um saber que funcione como verdade, já que não há verdade sobre o real exatamente por este se caracterizar como o que escapa ao sentido.

[3] Em uma fricção da fixão, diria Ruth Silviano Brandão.

Referências

CASTELO BRANCO, L. Como nada mais passa na vida, exceto ela. Em Gontijo, T.; Rodrigues, G. V.; Furtado, A. A. P.; Saliba, A. M. P. M. (Orgs.) *A escrita do analista*. Belo Horizonte, Autêntica Editora, 2003, p. 223-232.

IANNINI. G. Figuras da verdade: a contingência e o impossível. *Estados Gerais da Psicanálise: 2° Encontro Mundial*, Publicado no sítio da internet do Estado Gerais da Psicanálise, Rio de Janeiro, outubro de 2003.

LACAN, J. *Seminário VIII: A Transferência*. Rio de Janeiro: Jorge Zahar Editor, 1992.

LACAN, J. *Le Séminaire: D´un discours qui ne serait pas du semblant*. Paris : Éditions du Seuil, 2006, lição 6.

LAURENT, E. Le névrosé, peut-il se passer du père? *Révue de la Cause freudienne*, n. 21, p.202, 1992, Paris.

LIMA, M. *O sujeito da experiência psicanalítica entre o necessário e o contingente*. Dissertação (Mestrado em Psicologia) – Faculdade de Filosofia e Ciências Humanas, Universidade Federal de Minas Gerais, Belo Horizonte, 2002.

MILLER, J. A. O último ensino de Lacan. *Opção Lacaniana*, São Paulo, n. 35, p. 6- 24, janeiro de 2003.

MILLER, J. A. Um real para a psicanálise. Opção Lacaniana, São Paulo, n. 32, p.15-18, 2001.

MILLER, J. A. *De la naturaleza de los semblantes*. Buenos Aires: Ed. Paidós, 2002, texto estabelecido por Silvia Elena Tendlarz.

SANTIAGO, J. Final ou finais de análise?. Texto apresentado na Escola Brasileira de Psicanálise, Seção Bahia, 2003, cópia.

TEIXEIRA, A. O que significa escrever em psicanálise. *Almanaque de psicanálise e saúde mental.* n. 8, ano 5, p.20, 2002.

A formação do analista diante das políticas regulatórias[1]

Este trabalho foi escrito para a mesa-redonda de abertura do Fórum Mineiro de Psicanálise, em julho de 2004. Trata-se de um movimento supra-institucional que visa à discussão permanente dos problemas concernentes à inserção da psicanálise na contemporaneidade.

A descoberta da gramática de uma estrutura singular é o que permitirá inventar o paradoxo de um saber, sempre já escrito e, ao mesmo tempo, novo, que opera no tratamento e na vida. (VIEIRA, 2000, p. 17)

Os efeitos atuais do discurso do mestre sobre a formação do médico são um importante alerta para refletirmos sobre a formação do psicanalista diante das pressões para a regulamentação da profissão. O avanço das técnicas de exame por imagem, a massificação e as medidas de produtividade dos atendimentos, a premiação oferecida pelas empresas de saúde se o médico evitar o pedido de exames, a padronização dos procedimentos de acordo com protocolos rígidos, além de todo um arsenal de quantificação e avaliação de modo a garantir um produto que satisfaça tanto os direitos do consumidor quanto os lucros, impõem um verdadeiro tiro no pé no exercício da clínica médica. O mundo atual, sustentado pelo discurso da ciência e pelo capitalismo – um mundo de controle e regulação –, impôs um critério de eficácia (definida por uma resolutividade quantificável) que impede o próprio exercício clínico da medicina. O médico é, hoje, um técnico em procedimentos específicos. Se antes as restrições inerentes à estrutura do discurso médico já

[1] Para Sérgio de Mattos e Ram Mandil.

dificultavam um atendimento personalizado, hoje ele é impossível. Todo procedimento está previamente determinado pelos protocolos. O erro médico torna-se facilmente definido pelas conseqüências do desvio dos termos dos protocolos. Médico e paciente estariam, assim, protegidos do acaso e da invenção.

E o psicanalista, dentro dessa política de marcos regulatórios? Essa política nos coloca diante da exigência de demonstrar, cada vez mais rigorosamente, uma ética da singularidade. Se o inconsciente é a política – a política do discurso do mestre –, como instituir a política da falta-a-ser? Como sustentar a psicanálise como o avesso dessa política universalizante e padronizadora? O diálogo com a política e a ciência se torna, ao mesmo tempo, mais sutil, exigente e pesado. Mas o analista, também ele, não ficaria fascinado por um saber universal que lhe garantisse uma identidade?

É impossível prescindir dos universais, dos matemas e aforismos que valem para todos, das regras de funcionamento das estruturas etc. Caso contrário, poderíamos trabalhar apenas como literatos preocupados com a estilística e a poética. Com os efeitos estéticos, enfim. Porém, é imprescindível também em nosso caso uma enunciação que facilite a recepção da interpretação pelo analisante, de modo a propiciar a subjetivação do real. Ou seja, não podemos nos apoiar estritamente na vertente científica da psicanálise, aquela que nos permite localizar o significante e seus efeitos de mestria. A subjetivação do real depende, também, da forma como a interpretação é veiculada para cada analisante em particular.

A formação do analista é, assim, complexa, senão impossível. Pode ser que se torne especialmente complicada nesses tempos pragmáticos e de preocupação exagerada com o valor agregado e a capacidade resolutiva das práticas profissionais. Mas independentemente do contexto atual, estamos sempre nos recolocando a questão da formação do analista entre o universal e o singular: Como garantir uma formação que se apóia no pulsional para a definição do estilo e da singularidade sem desconsiderar a vocação científica da psicanálise? No nosso caso, o sujeito não se encontra entre o necessário e o contingente? Entre um impossível decorrente da repetição imposta pelo necessário e uma contingência que faz cessar o que não cessa de não se escrever? Entre o universal da função fálica e a constatação exibida pela contingência de que o falo não funciona todo? A formação do analista está, como sempre esteve, na via da castração, isto é, no avesso do que o discurso do mestre nos exige explicitamente.

O mundo regulatório de hoje faz com que as resistências antigas à psicanálise leiga pareçam banalidades. Porém, atualmente, os analistas são em maior número, são mais organizados, dialogam mais e têm mais argumentos após um século de prática clínica. E principalmente, como afirmou Lacan em Televisão, o discurso do analista ainda não começou. Trata-se, para mim, de uma exortação a não recuar diante dos obstáculos, pois é nos obstáculos que o real a ser tratado se revela, seja em uma análise, nas instituições, seja na própria cultura. A batalha de Lacan pela singularidade é inovadora e penso que ainda temos muito a descobrir em seus ensinamentos.

Em seu texto "Talvez em Vincennes", por exemplo, Lacan diz que Freud formulou que o analista deveria se apoiar nos ensinamentos que extrai de sua própria análise, "isto é, saber não tanto para que ela serviu, mas de que se serviu" (LACAN, 1975; 2003). Não se trata somente de ajudar o analista com ciências propagadas à moda universitária, mas de fazer com que essas ciências possam se renovar a partir da experiência da psicanálise.

Há aqui uma inflexão vigorosa: o discurso instituído a partir da episteme garante que todos poderão se beneficiar do saber, ao passo que Lacan convoca a renovação do saber a partir do que o sujeito se serve para fazer análise. Como o sujeito utiliza a língua e o significante para tratar o real? Como as proposições não dotadas de significação? Algumas proposições psicóticas, por exemplo, podem contribuir para o avanço da lingüística? Como o sujeito decide, a partir do indecidível, os destinos do gozo? Como pode fazer um bom uso do saldo de gozo da análise? De que modo o sujeito se serve do significante e do sintoma para ser feliz na vida? Essas são algumas das questões com as quais a epistemologia e a ética poderiam se enriquecer a partir da experiência do sujeito com a análise.

Lacan conclui o referido artigo dizendo que só há despertar particular desdenhando a possibilidade de um discurso agenciado pelo saber despertar de seu sonho eterno. O que temos de pensar é se isso não é válido para qualquer transmissão que enfatize as relações necessárias, como, a vertente do "Freud explica" e da paixão pela decifração, no caso da psicanálise. Ou mesmo despertar do sonho eterno da identidade de médico, filósofo ou psicanalista aqueles sujeitos que são o produto de uma estrutura agenciada por um saber que se sustenta pela relação com um dado objeto, seja ele uma droga, um equipamento, seja um analisante convertido em *astudante*. Como sustentar o efeito do singular, qual seja, o de nos acordar do comodismo da interpretação? Como não subjugar o inesperado mediante o estabelecimento de relações de sentido que eliminam seu impacto inovador? De que maneira não cair na armadilha do gozo do sentido que apenas sustenta a repetição e impede a invenção?

Há uma paixão disseminada pela decifração, baseada na idéia de que tudo está recalcado. Supõe-se que a interpretação ligaria eventos determinantes e esclareceria o nexo causal entre componentes simbólicos. Essa atitude pressupõe o raciocínio circular de que há um enunciado inconsciente que funciona como causa de outro enunciado e esquece que o sujeito não pode ser causa de si mesmo. O fato de o enunciado ser inconsciente não lhe garante o estatuto de causa. A análise assim conduzida seria baseada na rememoração e no desvelamento do que já estaria lá, pronto para ser explicitado. O saber do analista seria da ordem do esclarecimento e seu retorno como interpretação tem, como conseqüência, o efeito de eliminar o particular. Como afirma Lacan, os efeitos de uma interpretação são incalculáveis. Por isso cabe mais ao analista a sustentação do enigma pulsional, que funciona como causa do que se estrutura como uma linguagem.

Esse problema afeta também a transmissão e o ensino, já que se trata de uma relação particular com o saber. Como sustentar a política da falta-a-ser, de modo que a transmissão se dê pelos restos da operação analítica que funcionam como *letra*? Em suma, como transmitir pela *letra* de Freud e de Lacan, isto é, ancorado mais pelo movimento de suas elaborações do que por meio do saber explicitado em seus enunciados? Esses enunciados constituem nosso campo epistêmico e não garantem a transmissão da *letra*, do que é ser analista. Ou seja, o que fazer para também não cairmos em sonho eterno e ficarmos a repetir os aforismos universais? Cabe a cada instituição decidir, de acordo com sua particularidade, a maneira de sustentar seus dispositivos, visando não apenas diminuir os efeitos obscenos de grupo, mas também permitir a cada um colocar seu modo de apreender o movimento do texto analítico.

Um pouco antes do "Talvez em Vincennes", em 1973, na "Introdução à edição alemã de um primeiro volume dos Escritos", Lacan (1973; 2003) se referiu à futilidade da ciência, "que manifestamente só progride pela via do tapar buracos", e que é exatamente por conseguir tal façanha que ela se torna segura. Por isso mesmo a ciência garante que sua certeza é transmissível. O real dado pelas letras das fórmulas responde ao modo do que não cessa de se escrever. Basta isso para que o cientista opere, não sem uma dose de torcida para que o acaso não interfira.

Mas se existe somente o despertar particular, como garantir uma certeza a partir do singular? Como demonstrar que a cifra de gozo de um sujeito particular se constituiu devido a outro modo de conceber o real, introduzido no campo científico pela psicanálise? A psicanálise não mostra que o real de que se trata não é aquele reduzido à escrita das fórmulas científicas, mas precisamente o da impossibilidade de se escrever a relação sexual?

Parece que temos uma tarefa impossível: a de demonstrar o real pela contingência, pelo cessamento do que não se escreve. Quanto a isso, contudo, Lacan (1973/2003) é taxativo:

> Como não considerar que a contingência, ou o que cessa de não se escrever, não seja o lugar por onde se demonstra a impossibilidade, ou o que não cessa de não se escrever? E que por aí se ateste um real que, apesar de não ser mais bem fundado, seja transmissível pela escapada a que corresponde todo discurso (p. 556).

Ou seja, do que aquele sujeito particular se serviu para tratar esse real? Como essa escapada a que corresponde todo discurso foi subjetivada? Ou ainda: como ela se tornou letra a ser transmitida? Pode ser que o real não possa ser mais bem fundamentado, pois o que temos como referente é apenas a escapada a que corresponde todo discurso. Trata-se, agora, de uma "desaparecência, uma desapareciência", como cunhou Lúcia Castello Branco (2003). Entretanto, é com essa impossibilidade que temos que nos virar.

Assim, por mais que a ciência progrida, e talvez exatamente por isso, mais se evidencia que o real sobre o qual ela adquire algum controle e alguma certeza não se confunde com o real que nos interessa. A ciência e seus protocolos se satisfazem com o que a literalização lhes indica como real. Já a psicanálise lida com um sujeito que suporta o real como trauma induzido pela escrita que o instituiu. O que se escreve com o falo a partir do encontro com o real não recobre tudo. Como já dissemos, o falo não funciona todo e há sempre um resto de gozo a parasitar o que foi escrito. Desse modo, o discurso da ciência e sua *episteme* não alcançam o particular dos seres cujo discurso, em análise, institui o real que nos interessa. Esse discurso, na contramão da ciência, pode esclarecer não apenas como ela funciona, mas também seus limites.

Podemos, então, afirmar que o fato de que haja sintoma implica que haja real. Se não houvesse esse modo de real trazido pela psicanálise, poderíamos escrever a relação de um sexo com o outro e construir um saber que nos trouxesse a capacidade de prever, como é possível fazer no funcionamento instintual. Nesse caso, não haveria sintomas a ser tratados, apenas transtornos. Talvez pudéssemos até escrever protocolos à moda científica. Porém, em nossa clínica, somos continuamente confrontados com o que não cessa de não se escrever. Contudo, isso só é constatado porque algo necessariamente se repete, porque algo pôde se escrever a partir daí. Isto é, algo se tornou cifrado a partir do real. Há uma estrutura que se organiza diante do real de modo contingente e dela podemos até deduzir alguns tipos clínicos.

Esse fato pode ser escrito e, às vezes, acredita-se nisso a tal ponto que a estrutura passa a ser identificada com a escrita do real, de modo semelhante à ciência. Esquecemo-nos freqüentemente que a estrutura é a estrutura do semblant e, como tal, se caracteriza por não ter referente. Assim, saber o modo de funcionamento universal do falo não nos habilita, necessariamente, a conduzir uma análise em direção à causa do desejo. Cito Lacan:

> O que decorre da mesma estrutura não tem forçosamente o mesmo sentido. É por isso que só existe análise do particular: não é de um sentido único, em absoluto, que provém uma mesma estrutura... (LACAN, 1973; 2003, p. 556).

Logo, o diagnóstico estrutural que garante nossa posição científica e o saber que dispõe sobre o funcionamento de todos os histéricos, por exemplo, não pode servir de referente para o sentido textual produzido em uma análise. O sentido do *semblant* é particular e se manifesta de modo contingente pelas brechas do não-todo, como nos ensina a teoria lacaniana da feminilidade. Temos que desvendar caso a caso como o singular se constituiu a partir de elementos universais (MOREL, s.d.). Esse, certamente, é um dos motivos pelos quais devemos estar alertados para a crítica de Lacan ao tratamento padrão. Como não é possível fazer o conjunto das mulheres, elas devem ser contadas uma a uma, o que implica que cada análise é única.

É por isso que a decifração do sentido em um caso não tem serventia alguma para outro. Aliás, a experiência do analista pode ser contrária à sua formação e se tornar um obstáculo na condução do tratamento. Aquele que está ocupando o lugar de analista pode se ver tentado a repetir algumas manobras que foram eficazes em outras análises. Nesse caso, ele não lê o que se passa naquela situação particular e perde sua capacidade de invenção. Assim, penso que a psicanálise talvez seja uma das poucas profissões em que a experiência pode ir contra a prática do ofício.

A psicanálise deve manter, então, uma relação feminina com o saber, dada sua finalidade de fazer com que o sujeito se verifique diante de um gozo Outro que não o previsto pela literalização fálica. Assim, a formação do analista – ao se dirigir ao mais além da ciência – parece se escrever pela mesma relação lógica que o gozo dA̶ Mulher mantém com a função fálica: contingência e singularidade.

Se uma análise pudesse ser previamente ordenada e garantida pelo saber, ou pelo regime do necessário, desconsiderando-se o acidental que revela o impossível da relação sexual, seria fácil formar analistas e fazer os protocolos que regulariam seu exercício profissional. As instituições poderiam se organizar, excluindo a dimensão do não-todo, impedindo, fantasmaticamente, a particularização de seus membros. O outro ponto do tripé freudiano, a supervisão, seria conseqüentemente regido pela mestria do saber e pelo gozo da produção de resultados. Aí então, muito provavelmente, jamais acordaríamos do sonho eterno da mesmice.

Referências

BRANCO, L. C. Como nada mais passa na vida, exceto ela – notas sobre a experiência do passe. Em Gontijo, T., Rodrigues, G., Furtado, A. M. F., Saliba, A.M.P.M. (Orgs.). *A escrita do analista*. Belo Horizonte: Autêntica, 2003.

LACAN, J. Talvez em Vincennes (1975). In: LACAN, J. *Outros Escritos*. Rio de Janeiro: Jorge Zahar Editor, 2003.

LACAN, J. Introdução à edição alemã de um primeiro volume dos Escritos (1973). Em J. Lacan, *Outros Escritos*. Rio de Janeiro: Jorge Zahar Editor, 2003.

MOREL, G. A função do sintoma. Em *Agente-Revista de Psicanálise*. Salvador: Escola Brasileira de Psicanálise, Seção Bahia, sem data.

VIEIRA, M. A. *A Ética da Paixão*. Rio de Janeiro: Jorge Zahar Editor, 2000.

A mulher e a letra[1]

Trabalhei esse tema a partir de um convite dos amigos do IEPSI após uma apresentação dos resultados de um cartel sobre o semblant, mais especificamente sobre o Seminário 18, de J. Lacan.

Naquela ocasião, desenvolvi o tema a partir de duas referências de Lacan que sempre me intrigaram. A primeira, no texto "A carta roubada", no qual Lacan fala dos efeitos feminizantes da *lettre*/carta, e a segunda no Seminário XVIII, em que compara a mulher e a letra.

Depois daquela apresentação tive acesso a pelo menos quatro publicações importantes sobre o tema. A primeira foi uma edição de um seminário de Eric Laurent, "Posições femininas do ser", no qual ele desenvolve várias questões clínicas e traça contribuições teóricas fundamentais a partir exatamente daquelas referências de Lacan que utilizei para fazer esse texto. A outra é o livro de Colette Soler, "*Ce que Lacan disait des femmes*", editado no inicio de 2004. Em um dos textos desse livro, Colette Soler recupera uma referência de Lacan à Mulher, feita no Seminário VIII, a partir da peça de Paul Claudel, "Partage de midi".

A terceira publicação a que tive acesso é de François Regnault, "*Claudel: o amor do poeta*", publicada em versão espanhola no livro "*Lacan – el escrito, la imagen*" em 2003. O texto de Regnault é anterior ao de Soler e desenvolve o tema a partir da mesma referência de Lacan no seminário sobre transferência.

---

[1] Para Bel Azzi e Flavia Drummond Naves

Esses autores indicaram, portanto, textos baseados em uma referência publicada bem antes do Seminário 20. Vale a pena ir ao Seminário VIII e ver a análise de Lacan sobre a trilogia de Paul Claudel.

Uma outra referência anterior sobre o assunto, do próprio Lacan e bastante conhecida, é a do Seminário, sobre as psicoses. Na p. 201 da edição brasileira, Lacan afirma explicitamnte: "não há, propriamente simbolização do sexo da mulher como tal"; ou ainda, na mesma página, ela "não tem o mesmo modo de acesso que a simbolização do sexo do homem".

Curiosamente, Márcia Rosa deu-me a chance de conhecer um trabalho de Jô Attié, publicado em fevereiro de 2002, que eu não conhecia. Em seu texto, Attié desenvolve uma argumentação interessante sobre Mallarmé e a mulher e, curiosamente, aquelas duas referências de Lacan que me intrigaram foram as utilizadas por ele para desenvolver seu artigo.

O trabalho seria muito enriquecido se eu tivesse tido acesso a essas referências, ou mesmo se o texto fosse reescrito a partir delas. No entanto, decidi manter o original para essa publicação e refazê-lo em outro momento.

Cada um dos termos da relação expressa neste tema já traz consigo a marca da impossibilidade de ser representados pela escrita. Que dizer, então, de uma articulação entre impossíveis? Vamos tentar escrever alguma coisa a partir dessa impossibilidade de escrever. O escrito poderá ter, assim, de modo contingencial, uma função de suplência, da mesma forma que o amor. Seja sob a forma de cartas d'almor, que visam ao Um fusional, seja sob a forma de manipulação das letras na ciência, visando à demonstração de como elementos diferentes podem se relacionar, é interessante o fato de que essa função de suplência tenha começado a ser explicitada mais claramente por Lacan em um seminário que estabelece uma consistência lógica para o campo da feminilidade.

Tomarei como referências para este trabalho duas intrigantes aproximações feitas por Lacan entre a mulher e a letra em dois momentos diferentes de seu percurso. A princípio, gostaria de ressaltar que devemos evitar tendência de substancializar os termos, ou conferir-lhes um estatuto ontológico, estratégias essas freqüentemente adotadas como modo de evitar o encontro com a impossibilidade.

Já vivemos, por exemplo, uma fase de angústia em encontrar a frase do fantasma fundamental. Agora, parece que passamos a viver o momento de encontrar a letra na análise. Penso ser importante não nos prendermos às definições universitárias dos conceitos; é mais interessante acompanhar a equivocidade dos termos, a maneira com que Lacan joga com as possibilidades significantes. Por exemplo, tome-se o significante *lettre*, que, principalmente nos Seminários XVIII e XX, pode referir-se a carta, materialidade do significante, elemento tipográfico, ou mesmo a ser (*l'être*). Talvez seja mais rico não empreendermos nenhuma redução das possibilidades e tentar ler Lacan pela letra de Lacan.

O tema me interessa desde as referências de Lacan em "O seminário da carta roubada", quando ele deixa entrever um efeito feminizante da carta/letra. Os percalços do ministro, ao tentar esconder a carta/letra, fazem-no se revestir do papel da Rainha, "inclusive nos atributos da mulher e da sombra, tão propícios ao ato de esconder" (p. 35). O ministro se apropria da carta/letra, displicentemente colocada sobre a mesa, no momento que percebe o olhar da Rainha voltar-se para a carta quando ele entra nos seus aposentos. Ela estava com o Rei, que, para variar, não percebe nada, pois a ele, diz Lacan, só interessa o Real. Por isso ele não percebe a carta nem o incômodo da Rainha, ao ver-se flagrada pelo ministro olhando para a carta. O Rei não percebe nem mesmo o roubo da carta pelo ministro.

Lacan faz um comentário sobre o brilho da luz e a sombra, sobre o signo e o ser, a fim de demonstrar que "estão maravilhosamente disjuntos e que, quando se opõem, prevalece justamente" o signo da mulher, "uma vez que ela faz valer aí seu ser, fundando-o fora da lei que continua contendo-a, em posição de significante ou até de fetiche" (p. 35). Afirmação curiosa, pois já nesse momento, quase 20 anos antes do Seminário XX, Lacan diz que o ser da mulher está contido em uma lei – como significante ou fetiche –, mas fora dessa mesma lei. Aqui, ele já indica claramente um modo especial de pertinência da mulher em relação à função fálica.

Mais adiante, Lacan continua a análise do conto de Poe, enfatizando o momento que o ministro vira a carta/letra e escreve o próprio endereço, sobrescritando-a a si mesmo com uma letra diferente da sua. Lacan afirma que o ministro se feminiza com esse gesto, "como se, por uma convenção natural do significante, essa fosse uma fase pela qual ele tivesse de passar" (p. 39). E, então, aquele personagem marcado "por todos os seus ditos traços da virilidade exale, ao aparecer, o mais singular *'odor di femina'*".

A letra/carta roubada tornou-se, por sua vez, uma letra/carta escondida. Ela existe tanto mais quanto se mostra ausente. Em uma aula do Seminário II, Lacan se pergunta por que os policiais não conseguiram encontrá-la. E responde: "Não a encontram porque não sabem o que é uma letra/carta. Não o sabem porque são a polícia" (p. 253). Aqui, Lacan aponta para as dificuldades do discurso do mestre em ler a letra e indica que somente o analista poderá ver que a verdade se esconde. Espera-se que ele saiba o que é uma carta/letra. A carta/letra não é encontrada porque não está em lugar nenhum dado *a priori* ou, então, em um lugar óbvio. Cabe ao analista receber o endereçamento e, conseqüentemente, saber ler o que lhe é endereçado.

Na seqüência, Lacan vai mais longe. O gabinete do ministro teria um grande mapa com as letras do nome de um país estendendo-se por toda sua área geográfica. Lacan, então, comenta: "Exatamente como a carta/letra roubada, qual um imenso corpo de mulher, se esparrama no espaço do gabinete do ministro, quando ali entra Dupin". E a ele, Dupin, "só restava desnudar esse corpo". Ele vai "direto até onde se abriga" o que esse corpo "é feito para esconder, num belo miolo para onde o olhar desliza". E arremata: "Vejam! Entre as ombreiras (*jambages*/pernas) da lareira, eis o objeto ao alcance da mão".

A letra/carta se encontra metaforicamente no sexo da mulher, enigma ou fonte do que permanece escondido. Ou pode estar encarnada no corpo da mulher, como em Penélope, último capítulo de *Ulisses*, de James Joyce, onde Molly Bloom se constrói como uma personagem que faz o texto emergir do próprio furo, localizado "bem no meio de uma mulher" (MANDIL, p. 227).

Porém, a ênfase nesse momento do ensino de Lacan é no valor simbólico da letra. Sua circulação, como no conto de Poe, define a posição subjetiva "e até mesmo a atitude sexual" de quem a recebe. Entretanto, apesar de a mulher estar colocada no jogo de luz e sombra da lei que a determina, sua inexistência ainda não está enunciada. Aqui, a posição feminina parece se dever ao fato de que a função fálica do Outro é o que faz a regência, o que estabelece a gramática e os lugares a ser ocupados pelo sujeito. Há uma certa equivalência entre a passividade e o feminino. Como encontramos freqüentemente na clínica do obsessivo que, preso à demanda do Outro, quer ser amado, particularizado, e na queixa que faz do Outro, sente-se sem virilidade, como uma mulher que demanda amor, reconhecimento ou mesmo um significante que mostre sua essência.

Mas além da aparente equivalência entre feminilidade e passividade, parece que a feminização induzida pela carta/letra se refere também a uma posição de gozo enigmática. "O texto da carta, seus efeitos de significação, o próprio relato, nada do que se diz nele dá conta do enigma dessa posição"(LAURENT, 2003, p. 187) (a de quem recebe uma carta/letra). Ou seja, nesse momento do ensino de Lacan, já se menciona algo enigmático em torno dos efeitos da letra que, no entanto, ainda não recebeu um tratamento formalizado.

Aqui, então, são os lugares simbólicos e imaginários determinados pela circulação da carta/letra/significante que estão colocados em relevo. O leitor do conto, por exemplo, não sabe o significado da carta, o seu conteúdo. Mas não interessa em nenhum momento saber qual mensagem ela contém. O conto serve esplendidamente para os propósitos de Lacan, que está interessado em mostrar a dependência do significado em relação ao significante. Ele faz, assim, um uso metodológico do texto de Poe, para demonstrar o papel da articulação significante na constituição das posições do sujeito.

É interessante, inclusive, a lógica da escrita que ele introduz como apêndice ao texto do seminário. A letra traduz a materialidade do significante e, por meio dela, é possível introduzir um modo matemático de descrição dos efeitos da linguagem na determinação dos lugares do sujeito. O real seria dado pela própria posição do sujeito, lida a partir do movimento da letra/carta.

É interessante notar que, tanto no texto da "Carta roubada", como na Lição de 26/4/1955, do Seminário II, Lacan mostra, no jogo de cara e coroa, que o acaso das ocorrências fica elidido depois que se escreve uma gramática das seqüências. A literalização, como cicatriz da contingência, impõe o regime do necessário, se quisermos ler ou prever como se dará a seqüência de caras e coroas do jogo. Dessa forma, encontra-se esboçado o recurso às modalidades lógicas, com o impossível estabelecido como decorrência de uma seqüência dada como necessária. Se a gramática estabeleceu uma série de seqüências de eventos – z após y após x –, não é possível que z ocorra após x diretamente. É necessária a ocorrência de y e é impossível que seja de outro modo. A literalização determina assim o que necessariamente se repetirá, incluindo a impossibilidade que a seqüência se dê de outra forma. A repetição faz repetir o impossível, mas não ainda como resto ou gozo que se evoca no romper do que seria do *semblant*. Não há ainda a presença do que não pode ser lido.

Abro aqui um parênteses para relatar uma notícia de jornal sobre uma descoberta científica que me chamou a atenção recentemente. Sabemos que os genes, que são trechos de DNA, trazem a receita para a produção de proteínas sob a forma do RNA mensageiro. Essa receita é editada apenas com o que interessa e se tornou perfeitamente legível para os cientistas. No entanto, existe uma parte do RNA, a qual os cientistas chamam *litter*, lixo, por ser formada literalmente de garranchos, impossível de ser lida. O experimento revelou que esses garranchos de RNA, desprezados como lixo ao parasitar a parte legível, têm a função de regular a quantidade de proteínas a ser produzida. Apesar de garrancho, sua função na história é imprescindível, por se tratar de uma dimensão quantitativa.

Trago esse exemplo apenas para ressaltar que o viés de Lacan se assemelha ao da ciência. A literatura é utilizada como um método para fazer avançar a clínica, já que está sempre à frente da ciência no que se refere à obtenção de efeitos a partir da manipulação das letras. O empreendimento de Lacan é o de tentar produzir uma forma de escrita, indicar o que não cessa de não se escrever, para que o inconsciente possa ser lido. Facilita-se, dessa maneira, a vida do analista, desembaraçando-o dos efeitos de sentido produzidos pelo analisante.

Voltando, então, ao cerne de nosso argumento, dizíamos que Lacan, nesse momento de seu ensino, não se dedicou a explicitar que há algo de gozo que surge no romper de um semblant. Contudo, a própria estratégia interpretativa de Freud, ao ler a literalidade do significante, de modo a dar conta da satisfação pulsional envolvida, mostrou a Lacan que há uma hiância entre o que se fala e o que se lê ou escreve. A letra não corresponde à estrutura fonética do significante nem o representa; ela indica, ao contrário, o limite da leitura, o ponto onde o sintoma do leitor não se comunica com o sintoma em análise. Há algo de garrancho na letra.

A letra torna-se, então, em *Lituraterra*, descolada do significante. Sua literalidade revela seu lugar litoral entre o campo do simbólico e o do gozo. Ela não recobre o campo do gozo e, por isso também, Lacan recorre ao conceito de *sinthome*, após sua experiência em operar com a letra. O *sinthome* já seria, segundo Miller, "um esforço para escrever, num só traço, o significante e o gozo". Podemos até postular que há um outro passo intermediário entre a letra e o sinthome. Quem sabe a idéia de compacidade, desenvolvida no primeiro capítulo do Seminário XX, não estaria rompendo com a idéia de fronteira ou litoral, fazendo com que significante e gozo ocupem o mesmo espaço? A compacidade não seria um modo de falar de elementos heterogêneos, ou de conjuntos diferentes, que poderiam ocupar o mesmo "leito", sendo a solução matemática completamente contingente? Essa formulação, talvez, seja uma transição em direção à idéia de *sinthome*.

Voltando mais uma vez ao nosso argumento, podemos dizer que a letra/carta, como litoral, pertence também ao Outro e, além de sempre chegar ao seu destino, ela demanda tradução, exatamente por indicar algo mais que a estrutura fonética do significante. Ela revela um ponto de escoamento do sentido, ponto que não pode ser lido ou decifrado. Quanto aos impasses na tradução de um texto enigmático, como o de Joyce, por exemplo (MANDIL, p. 225[2]), revelam o fosso existente entre a leitura e a escrita. Esses textos, como os lacanianos, exigem trabalho do leitor, que ele ponha de si em vez de esperar ilusoriamente uma representação estabelecida.

Entro, então, no segundo momento do percurso de Lacan, que gostaria de comentar. Se no primeiro momento, no qual a anterioridade do simbólico coloca a mulher como sombra e onde a carta/letra se feminiza a ponto de ser encontrada quando se desnuda o ambiente qual corpo de mulher, no segundo momento, com o descolamento da letra em relação ao significante, mostrando o que de real indica o simbólico, Lacan identifica a *lettre*/*l'être* – letra/carta/ser – com a própria

---

[2] Joyce teria elaborado um texto escrito no intervalo entre o que se fala e o que se escreve, tentando produzir uma escrita da voz.

mulher, que não existe. Podemos até dizer, como mencionamos acima, que "desnudar o ambiente qual corpo de mulher" já parece assinalar um efeito análogo ao da ruptura do *semblant*, aquele que faz emergir um gozo aprisionado à letra. Mas Lacan não se interessa por essa comparação. Sua análise prossegue em uma direção um pouco diferente:

> A palavra se esforça para fazer dela (da mulher) alguma coisa da qual se espera sinais de inteligência, se posso assim me exprimir. Mas, naturalmente, não é de nenhum ser real que se trata aí; para dizer a palavra, a mulher, quero dizer o em si da mulher, a mulher – como se pudesse dizer todas as mulheres – a mulher, insisto, que não existe, é justamente, a *lettre*/carta. A *lettre*/carta na medida em que ela é o significante que não há de Outro: $S(\cancel{A})$.³

Lacan estabelece, nesse trecho, uma homologia entre a letra e a mulher, pela proximidade que mantêm com a falta no campo do Outro. Não se trata apenas de colocar a mulher como um efeito de sombra do significante, mas como o que não se inscreve.

Ou seja, na medida em que a letra é $S(\cancel{A})$, torna-se impossível sustentar uma cadeia simbólica que fale do feminino, sendo necessário que a mulher recorra ao objeto a, que representa a parte faltante no Outro, para adquirir consistência. Entretanto, a carta/letra/ser, por se situar no plano da falha do Outro, isto é, no $S(\cancel{A})$ como litoral entre o simbólico e o real, desenha exatamente a borda no furo do saber, sem jamais complementar a falta no Outro. Assim, a letra, ao mesmo tempo que mostra o ponto de cifração do gozo – *pas-a-lire* – que demanda interpretação, pode ser contingencialmente passo-a-ler, pois permite, após a evocação do gozo, que o significante possa adquirir nova significação para o sujeito. A letra permite, então, que se façam suplências, ao propiciar o contorno da falha do Outro, "levando as mulheres a inventar o tecer e o trançar".⁴

---

³ Lacan, " De um discurso que não seria do semblant", idem. No seminário publicado em 2006, p. 108: La parole s´efforce de réduire la femme à la sujétion, c´est-à-dire d´en faire quelque chose dont on attend des signes d´intelligence, si je puis m´exprimer ainsi. Mais bien sûr, ce n´est là d´aucun être réel qu´il s´agit ici. Pour dire le mot, La femme en l´occasion, comme ce text est fait pour le démontrer, je veux dire l´en soi de La femme, comme si on pouvait dire toutes les femmes, La femme, j´insiste, qui n´exist pas, c´est justement la lettre – la lettre en tant qu´elle est le signifiant qu´il n´y a pas d´Autre, S $(\cancel{A})$.

⁴ Ana Portugal: "Mais ainda... o feminino". Texto apresentado no IEPSI, 2004.

Assim, tanto A Mulher quanto a Letra podem ser ditas como não-todas, no que se refere à função simbólica. Porém, são operadores de níveis diferentes e recobrem questões diferentes. A literalidade mostra a letra como litoral, enquanto o lugar da Mulher se mantém indecidível. Penso que devemos entender aquela afirmação do Seminário XVIII como uma enunciação que destitui uma solução fácil ou uma receita para a leitura do inconsciente. Ela nos coloca a trabalho ao indicar uma equivalência entre os termos de forma a-conceitual.

Assim, mais do que resolver um enigma, a afirmação mostra a necessidade de dar consistência, de formalizar o campo da contingência em psicanálise. O gozo que parasita a literalização, ausente na primeira formulação da época do seminário da "Carta roubada", ou então presente, mas sob o regime do imaginário da mulher como depositária da carta escondida ou do gozo enigmático, adquire valor de causa de formalização no momento do seminário sobre o *semblant* e sobre a função do escrito. A inexistência da relação sexual, circunscrita no Seminário XX com a demonstração de que A Mulher não existe, torna-se um consolo, não um problema: se A Mulher existisse, não haveria a letra/litoral/literal como ponto de sustentação das invenções, das cartas de amor, ou de qualquer outra forma de suplência.

Referências

LAURENT, E. El camino del psicoanalista. Em MILLER, J. A. *La experiência de lo real em la cura psicoanalítica*. Buenos Aires: Paidós, 2003, p. 187.

MANDIL, R. *Os efeitos da letra - Lacan leitor de Joyce*. Rio de Janeiro/Belo Horizonte: ContraCapa Editora – UFMG, 2003.

A psicanálise funciona?[1]

> *Somos todos principiantes na contingência porque é a única coisa que podemos ser.*
> A. Phillips

1. A "virada lingüística" e o universal da estrutura

Este é o tema que eu gostaria de discutir um pouco com vocês a partir das questões que a repetição coloca para nossa clínica.

Gostaria de discutir, especialmente, o ponto de demarcação a partir do qual a eficácia de uma análise parece depender dos limites do sujeito.

É claro que estamos, como analistas, avaliando o tempo todo a eficácia de nossas intervenções e da própria psicanálise. Estamos sempre nos perguntando se uma dada intervenção, feita em um dado momento, pode ser ou não considerada um ato analítico. Mas a longo prazo, a questão primordial parece ser a da eficácia do simbólico em relação à pulsão. A repetição mostra o limite de nossa ação, embora seja estruturada pelo próprio dispositivo analítico. Mas qual é o obstáculo de fato? A amarração simbólica pelo Nome-do-Pai? O gozo da repetição traumática? Se for esse o caso, como descolar o sujeito desse lugar? Ou o limite está mais além, na própria cifra que particulariza aquele sujeito e que, por essa condição, pode se tornar tanto o problema como a solução?

Penso que mergulhamos no simbólico, depositamos nossas fichas em dominar sua estrutura, confundimos sua estrutura com o real, mas ficamos com um real que parece não tratável. E como criar alguma coisa a partir desse incurável? Adianto, sem pretensões, que esse é o assunto no qual somos todos principiantes, como afirmou Phillips em seu texto "Contingência para principiantes" (PHILLIPS, 1998). Tenho a

---

[1] Para Maria Pompéia Gomes Pires e Mário Lúcio V. Silva.

impressão de que a intrusão da contingência deixou os psicanalistas um tanto descrentes com sua profissão.

Muitos têm anunciado o fim da história, da verdade, da impossibilidade de qualquer saída. Estaríamos todos fadados a repetir interminavelmente o mesmo, sem condições de criar nada novo. Podemos dizer que são os aforismos dos apóstolos da descrença na estética da pulsão.

A própria psicanálise contribuiu para esse estado de coisas um tanto pessimista ao adotar cegamente os imperativos da "Virada Lingüística" que dominou as releituras efetuadas no século passado. Ao se encantar com a eficácia simbólica, os analistas acabaram por se decepcionar – como aconteceu também com Freud – com os resultados precários que encontraram, a partir da compulsão à repetição e da reação terapêutica negativa.

A descoberta de que os processos inconscientes, tais como foram formulados por Freud em termos mecânicos, puderam ser reescritos em termos das teorias da linguagem e revigoraram a prática psicanalítica ao recolocar, em termos mais modernos, a sua vocação científica. A ênfase freudiana na explicitação de mecanismos universais do funcionamento psíquico teve sua necessária continuidade apoiada, a partir de então, na estrutura da linguagem. A estratégia foi a mesma de Freud: verificar de que modo se escreve uma lei, de que modo um evento contingente é colocado em letras que fixam os investimentos libidinais e estruturam o aparelho psíquico, fazendo-o funcionar repetitivamente. Uma ciência que descrevesse o mais fielmente esse modo de escritura seria logicamente mais eficaz, pois o real poderia ser literalizado como nas ciências normais. A ciência progride pela eliminação contínua dos enigmas. Sua meta é ganhar terreno sobre o real e evitar a contingência.

Não há, então, nem em Freud nem em Lacan, a aparente dicotomia entre ciências da natureza e do espírito, entre energética e interpretação. Trata-se sempre do objetivo de soletrar o real para agir sobre ele.

Isso implicou rediscutir, a partir da própria lingüística, a categoria de sujeito que nos interessa. O Estruturalismo, por exemplo, mostrou que a combinatória significante, longe de eliminar o sujeito como se pretendia, trazia à luz um sujeito esvaziado de substância, inessencial, puro efeito da linguagem. Os achados freudianos foram redescritos, agora em termos mais condizentes com a própria teoria psicanalítica.

Para tanto, Lacan, embora tenha desde o início apontado para além do princípio do prazer, refez o mesmo caminho de Freud sem estar, porém, desavisado. Ele assim procedeu exaustivamente, esclarecendo passo a passo de que modo a psicanálise era estruturada internamente pela ciência. Além disso, Lacan teve o cuidado de verificar que o inconsciente estruturado como linguagem não pode ser causa de si mesmo, atendendo, ao que parece, à crítica de Wittgenstein. Há algo que não se escreve e que o sujeito suporta de modo traumático. Um real que parasita aquele soletrado pelas inscrições que constituem o sujeito.

Lacan manteve, então, o enigma pulsional como causa situada fora do domínio simbólico, embora tivesse se tornado, durante muitos anos, uma espécie de refém da própria teoria da primazia do significante. A pulsão parece ter ficado no ostracismo durante algum tempo e era referida apenas como efeito da causa significante. A ênfase recaiu mais sobre a regulação do gozo pela linguagem – a inerente perda de gozo do ser falante – e a conseqüente tentativa de recuperá-lo através da repetição, e negligenciou-se a criação de um significante novo que o gozo poderia fazer surgir. A idéia da anterioridade do elemento simbólico rendeu duras críticas a Lacan, como a presença de uma metafísica do significante, de uma transcendência da linguagem, ou ainda daqueles que defendem a anterioridade da escrita em relação à fala. Porém, somente a partir do trabalho com o significante é que pode ficar evidente o que se torna impossível de ser apreendido, o que da pulsão funciona como causa.

O que estou tentando argumentar é que o pensamento lacaniano é topológico e mostra a oscilação entre o significante e a satisfação pulsional como causa. O ponto de início do percurso de uma Banda de Möebius, por exemplo, é arbitrário e, do mesmo modo que Freud, Lacan teve de começar pelo lado que se dá a conhecer para verificar, em seguida, o que não possui plasticidade para se apresentar como significante. O ponto inicial foi considerar o significante como causa para só depois apontar como o gozo pode produzir o significante, revelando o aspecto contingente da enunciação.

Por isso Lacan nunca abriu mão da Lógica como um meio de revelar a impossibilidade de acesso ao real. Mas o que ficou para seus seguidores foi a estrutura da linguagem como a escrita que revela o próprio real. Lidando-se com a estrutura, abordar-se-ia diretamente o real a ser tratado em análise.

Contudo, apesar das tentativas de lidar com as dimensões do significante e da pulsão, a ênfase da teoria lacaniana recaiu, em um primeiro instante, como já dissemos, nas leis de funcionamento do simbólico. Sabemos que esse percurso foi fundamental para entendermos a lógica inerente às formulações freudianas. Mas até então, ainda não havia sido tão claramente explicitado que o sujeito não sabe o que diz, ou que só o saberá a partir da escuta do Outro. Conseqüentemente, a ênfase no simbólico revelou que a Transferência é um artifício montado para lidar com tal fato da linguagem.

Entretanto, o analista recebe o endereçamento da mensagem, mas não pode se manter no lugar do Outro, exatamente para não sustentar uma circularidade recorrente. Sua presença na transferência se complicou: quanto mais eu interpreto, mais o sujeito repete a ilusão de que o simbólico poderá dar conta da causa. Em outros termos, o simbólico se constitui como um *semblant* de auto-suficiência, fechando-se em torno de si mesmo. O efeito dessa presença do analista na transferência é o privilégio de uma análise infinita das significações, advindas da inércia significante. Por exemplo, se um paciente chega a uma análise considerando-se um caso muito difícil, ele pode estabelecer na transferência uma história que prove haver motivos para que sua análise não dê certo. E se o analista estabelece conexões entre as razões citadas pelo paciente, ele termina por fixar uma história que impede a ocorrência de novidades. Tudo passa a ser considerado ocorrências determinadas e explicadas pela história ou por alguma intenção inconsciente. Nesse caso, a estratégia do paciente pode dar certo e, de fato, a análise não funciona.

Mas ao mesmo tempo que se dedicava aos efeitos do significante, Lacan demonstrou, também de modo exaustivo, como a pulsão se satisfaz, até onde ela se liga e se transforma em pulsão sexual, e até onde permanece muda, impossível de ser alcançada, enigmática. Parecia então dar conta dessa nova maneira de escrever a dualidade freudiana: Como se dá o liame significante-pulsão? De que maneira a satisfação pulsional se ordena sob a forma de discurso e como resiste às regras da linguagem? O que sustenta toda a formação dos sentidos com os quais o sujeito goza e o que permanece impossível de ser lido, sem-sentido? Haveria um ponto de imbricação entre significante e gozo? O percurso de Lacan mostra, assim, a busca de um ponto de ancoragem que pode tanto fazer funcionar a repetição ou abrir caminho para a contingência.

Desse modo, a ordenação discursiva não pode ser descrita apenas com o fim de assinalar o universal da função fálica. Ao contrário, como continuar sustentando a fonte de onde extraímos os elementos de estrutura, isto é, as manifestações contingentes? Ao privilegiar o pai e a mãe idealizados na história edípica, não recalcaríamos o encontro singular de um homem com aquela mulher que causa o desejo? Porém, se enfatizarmos apenas a manifestação contingente, não abriríamos apenas o campo de imprevisibilidade na análise e desconsideraríamos o que a repetição nos ensina? Mais do que isso: a condução da análise deve incluir tais possibilidades e, de fato, reduzir o valor das relações entre os enunciados conscientes e inconscientes, de modo a fazer com que a repetição demande o novo. Nesse caso, a enunciação, o singular, o "dizer que fica esquecido por detrás do que se diz no que se ouve", passa a ser o elemento privilegiado.

Antes, porém, voltemos um pouco ao que dizíamos.

Atentos à dificuldade em lidar com o funcionamento pulsional, os analistas verificaram, em cada caso atendido, a mecânica da estrutura e os limites da ação simbólica. A psicanálise, como práxis que trata o real pelo simbólico, como Lacan o disse no *Seminário XI*, reconhecia seus limites. Assim, mais do que uma impotência do expediente ficcional desenvolvido por Freud, estava em jogo a impossibilidade da cura idealizada. Há um real que não cede e que nos faz perguntar se é possível tratar o real com o auxílio do real, criar a partir da pulsão, acreditar em uma estética pulsional.

Constatou-se, então, o que Lacan já anunciava: que a perspectiva ancorada na função universal da linguagem e na construção dos matemas revelava mais claramente, como era seu desejo, o impossível com o qual aquele analisante particular deveria se haver. É necessário um modo a mais de operação com a linguagem, além daquele que produz uma redução aos elementos mínimos que formalizam a história de vida de cada paciente. Como, então, atingir, com a palavra, o fator quantitativo, isto é, a carga de investimento pulsional de uma representação? Em muitos casos, uma análise é completamente eficaz para produzir os significantes mestres que ordenam a posição subjetiva diante do gozo, mas ao mesmo tempo, ineficaz para promover uma redução do gozo que tal posição sustenta. O ponto de obstáculo para a eficácia analítica passa a ser, então, não apenas o esquecimento, a censura, ou a inércia retro-alimentada pela interpretação, mas um saldo de gozo refratário à ação significante. O real escapa, mostra-se no momento mesmo que foge da apreensão. O real, para cada analisante, revela-se como um impasse na formalização. É o ponto onde se constata, como nos ensinou Lúcia Castelo Branco, uma desaparecência – uma desaparecência. Que saída Lacan parece nos apontar?

2. A letra como ponto de ancoragem de uma virada pulsional

A longa caminhada de Lacan sobre a formalização do discurso analítico vem, então, culminar no seminário "De um discurso que não seria do semblante", na ruptura radical entre a função simbólica e o escrito.[2] Há um corte entre a manifestação oral e o que se pode escrever, revelando um real suportado pelo sujeito como trauma. Para mostrar aquele fato, Lacan destaca, especialmente, a ruptura encontrada em algumas práticas, tais como a caligrafia, a ciência,[3] e a de **alguns** escritores. A partir desse empreendimento, o analista teria um ponto de ancoragem para lidar com aquele impasse na formalização da história de cada analisante.

---

[2] Desse modo, podemos nos perguntar se, por um lado, a questão de Lacan não continuaria sendo a mesma. Ou seja, a da função do escrito na transmissão da psicanálise mostrada pelo viés que Lacan denominou agora discurso que não é do semblante. É possível a transmissão apenas através da escritura empreendida pela ciência? Sabemos que a ciência progride através de uma forma de literalização que demite o gozo e fornece a possibilidade de uma transmissão que ultrapassa o imaginário, a compreensão ou mesmo a intuição. O sujeito do inconsciente é contra-intuitivo e apenas um saber no real permitiria a leitura de algo sobre ele. Porém não há um saber no real sobre a relação sexual. Se houvesse a possibilidade de tal escrita, não haveria o sintoma. Tampouco o sintoma que resta após a decifração significante. É o sintoma, portanto, que indica um outro real para a psicanálise, o real que revela um gozo insistente, o qual, ao mesmo tempo, permanece em fuga, não sendo escrito da mesma forma que o real da ciência.

[3] A ciência, por exemplo, se caracteriza por uma escrita que estabelece um saber no real, independentemente de qualquer percepção ou compreensão possível.

Lacan mostra, então, que a escrita não representa necessariamente a linguagem, como intuitivamente se imagina. O discurso, como linguagem animada por um falante que dela se apropria, é sem referente, não havendo aquela idealizada correspondência com o escrito. É curioso ainda o fato de Lacan adotar o termo *semblant* exatamente para criticar qualquer noção representacionista da linguagem. O *semblant* está aqui mais para a teoria do "como se", de Vahinger (1920), como ficção que sustenta uma verdade, não como tentativa de representação do real. Isto é, o semblante seria o próprio significante em oposição ao registro do real. A necessidade de demonstrar aquela ruptura entre a função simbólica e o escrito vem, mais uma vez, esclarecer a impossibilidade de o sujeito, sobre o qual opera a psicanálise, vir a ser representado ou de que venha a se tornar, ele mesmo, um referente para alguma boa forma de dizer a verdade.

O "Seminário do semblant" contribui decisivamente, portanto, para esclarecer que, além da "dissecação científica", há uma necessidade estética no uso da palavra, para que haja a recepção pelo Outro. Contudo, não se trata apenas de simplesmente convocar a Literatura como um campo adicional (que servisse de complemento ao campo da ciência, referência principal de Lacan) para ensinar como lidar com o real, com a enunciação. Interessa a ele apenas dar início à verificação de como alguns escritores trabalham com a Língua, de modo a produzir efeitos no plano simbólico. Tal interesse traduz-se nesta questão: Como alguns escritores se apóiam em um real que dá sinais de que está inscrito e produzem efeitos na linguagem?

Interessa demonstrar, assim, que além de não haver uma suposta correspondência ou justa adequação entre a função simbólica e a *Letra*, há uma produção de gozo quando tal ruptura ocorre: "o que de gozo se evoca no romper de um semblante"... eis aí o efeito pelo qual o sulco ("a escritura é a sulcagem"), pode-se dizer, está no real (LACAN, 1973; 2003, p. 22). O interesse é, portanto, clínico, porque enfoca a divisão do sujeito como a ruptura ou o descolamento da letra em relação ao simbólico e, o que é mais importante, a emergência do gozo que surge daí.

A *letra* – mais que o significante – torna-se, assim, o pivô da análise empreendida a partir desse seminário. É o litoral entre o gozo que convoca uma decifração por parte do leitor – quer dizer, está ali presente, mas não se dá a ler –; é a própria função simbólica que atua como semblante.[4] Ao tentar uma escritura que demite o gozo, Lacan encontrará, talvez möebianamente, a *letra* que sustenta a própria inscrição corpórea do gozo.

Como, então, reescrever a clínica? Que outros modos de escrita poderiam ensinar sobre a impossibilidade de se escrever a relação sexual?

3. A inclusão da contingência do falo

Parece haver, a partir desse momento, um certo ponto de inflexão na doutrina de Lacan. Parece se delinear um retorno möebiano à pulsão. Como já dissemos, toda a escritura desenvolvida a partir da primazia do significante sobre a pulsão ressaltava a necessidade de enfatizar o caráter universal das funções, visando a uma sólida construção teórica. Enfatizou-se, por exemplo, o inconsciente estruturado como linguagem, o Nome-do-Pai, as estruturas clínicas, o registro do necessário para a função fálica etc. Tratava-se de uma escrita ancorada no universal da estrutura, com a pretensão científica de deslocar os semblantes, como se ela pudesse traduzir o real em jogo na análise.

Contudo, a partir do *Seminário XVIII*, o significante vai sendo colocado na categoria de semblante, e o imaginário fica mais aderente ao simbólico, ambos em oposição ao registro do real. A *letra* passa a ser um operador necessário e diferenciado da categoria do semblante, e todas aquelas construções iniciais amparadas na estrutura da linguagem começaram a mostrar, mais claramente, que o caráter emblemático do rigor científico sustentado pelo formalismo estruturalista nunca satisfez as exigências éticas da psicanálise. Deslocaram-se, então, para a categoria do semblante, como em um retorno pela Banda de Möebius, tornando-se necessário, a partir de então, apontar o que seria agora um discurso que não seria do semblante.

Trata-se, claramente de uma porta de passagem para o que se convencionou chamar segundo ensino ou teoria dos nós. Ao tentar explicitar

---

[4] A importância clínica da questão da escritura é, para Lacan, fundamental, a ponto de fazê-la incidir até sobre o mito da escuta analítica: só é possível **ler** (observe-se que ele não fala em escutar) o inconsciente a partir da impossibilidade revelada pela tentativa de estabelecer uma escritura que está no real; ou, em outros termos, a partir da impossibilidade de se escrever a relação sexual. A clínica depende mais dessa escritura do que de qualquer dom.

o que não seria do semblante, ou seja, ao estabelecer o real que interessa à psicanálise, Lacan tomou os termos anteriores como categorias do semblante, do mesmo modo que em uma análise. O Pai passou a ser apenas um "grampo" que estrutura um discurso, e a estrutura, um modo de operação com o falo a partir do encontro com o real. Ambos elementos precários para a magnitude da tarefa. Fica evidenciado o caráter contingente da estrutura: ela poderia ser outra, mas a vemos apenas como necessária, coerentemente aliás, com uma idealização da função do pai. Ao contrário do que pensava o estruturalismo, a estrutura não é, assim, o real, mas uma forma contingente de estruturar os dados. Como afirma Miller, "ela não é mais que um semblante, uma construção" (MILLER, s.d., p. 102).

Parece que uma utópica razão iluminista, baseada no significante, teria impregnado a psicanálise, fazendo com que nos preocupássemos mais com seus aspectos universais. Passamos, por exemplo, mais tempo voltados para o estabelecimento de um diagnóstico estrutural e com o atravessamento da fantasia, como se fossem condições suficientes para dar conta dos finais de análise.

Contudo, não se atravessa a pulsão.[5] Não há nada além dela e ela continua a se satisfazer. A clínica mostrou que a irredutibilidade da pulsão é definida de modo contingente. Todos os operadores construídos ao longo do ensino de Lacan passam a ter a importância de esclarecer como o semblante, que sustenta uma consistência e uma essência para o sujeito, constituiu-se como defesa diante do real. Nossos aforismos, com seu caráter universal (e até mesmo o objeto a), foram deslocados sutilmente para a categoria do semblante, e foi a *letra* que serviu de pivô para a realização desse movimento topológico. Lacan demonstrou que tinham a função de escrita científica mas, que, como a escritura mesma da ciência exige, o movimento de aprofundar o deslocamento do semblante, a partir do confronto com o real da pulsão, era imperativo.

Como fazer, então, um bom uso do semblante? Como operar com as ficções a partir de um real de gozo, com um sintoma irredutível?

A teoria sobre A Mulher é decorrente desse esforço e será a inclusão da contingência em uma perspectiva teórica, cuja ênfase era quase

---

[5] Conforme me lembrou Helenice de Castro em seu projeto de dissertação de mestrado em Estudos Psicanalíticos da UFMG, 2003.

exclusivamente centrada no universal, que redirecionará a clínica. A função fálica continua universal, mas o falo não funciona TODO no estabelecimento de uma sintaxe que ligue o sujeito à castração.

É exatamente a propósito do uso clínico da *letra* que cito Lacan para indicar o que me gera uma série de questões:

> A palavra se esforça para fazer dela (da mulher) alguma coisa da qual se espera sinais de inteligência, se posso assim me exprimir. Mas, naturalmente, não é de nenhum ser real que se trata aí; para dizer a palavra, a mulher – quero dizer o em-si da mulher, a mulher – como se pudesse dizer todas as mulheres – a mulher, insisto, que não existe, é justamente, *a lettre*. *A lettre* na medida em que ela é o significante que não há de Outro: S ($\cancel{A}$) (LACAN, Seminário XVIII, p. 105 ou 108 no seminário editado pela Seuil, Paris, 2006 cf. nota da p. 166 deste livro).

Ou seja, se a letra indica o não-todo da função fálica, ela é a inscrição do gozo d$\cancel{A}$ Mulher? E o falo, como organizador contingente do semblante, seria o indicador da presença de um gozo que não se escreve, mas que tem a letra como índice de sua cifração? Ou sua própria condição de semblante implica exatamente que sua função seria a de indicar um valor de gozo que faria parecer que há um gozo preexistente? Não seria função do falo – como um semblante – fazer com que o sujeito acredite em uma essência masculina ou feminina ao mesmo tempo que duvida de sua sexuação? Como, então, uma doutrina da *letra* possibilitou a construção do gozo do Outro ou gozo do ser (*l'être*) como mais um semblante, para mostrar de que forma o sujeito vai gozar do falo e não do Outro sexo? Vocês vêem que tenho muito mais questões do que respostas...

Contudo, a *letra* é, sem dúvida, um dos operadores fundantes de uma reviravolta clínica que passa a enfatizar não mais a preponderância do simbólico, mas o próprio modo de cifração da satisfação que encontramos nos finais de análise. O que se repete e se mostra irredutível é a letra, mas é também a fonte de gozo de onde pode surgir o novo, se o analista, é claro, não atrapalhar. Interessante é que, muito antes dessa formulação, Lacan já avisava que, se a pulsão se satisfaz, o sujeito é feliz. O que passa a importar, então, é que o sujeito faça um bom uso do sintoma a partir do que a análise lhe proporcionou, ao efetuar a ruptura dos semblantes. Sintoma entendido aqui não mais como o nó de significantes, mas como resíduo da operação analítica. Esse sintoma assim reduzido é, na verdade, a solução, não o problema. É o arranjo com o qual o sujeito deve se virar para lidar com o Outro. Assim, espera-se que o sujeito se sirva do amor, do pai, do falo, em vez de servir a eles, em sua operação com o gozo. Parece que se trata de acreditar em uma estética pulsional e inventar uma saída, já que não há sistema simbólico que a garanta. É uma pragmática do gozo.

Assim sendo, a interpretação também muda. Seu objetivo passa a ser o de cortar palavras, atingir o osso do significante. Lacan disse ainda que não era poata o suficiente para construir o que seria uma teoria da interpretação que ensinasse a alcançar o resíduo simbólico do real. Como atingir tangencialmente o dizer que escapa aos ditos? Por alusão, talvez, "pegando leve",[6] agir poaticamente, para tornar subjetivável a relação com o gozo, evitando que a contingência seja tragada pela explicação. Esse é um momento delicado para o analista, pois a psicanálise se tornou uma máquina decifradora, apaixonada pela explicação, aprisionada pelo registro do necessário. Ou seja, somente os analisantes, contados um a um, poderão atestar ou testemunhar a eficácia da psicanálise, pois só poderão escrever alguma coisa se lhes for permitido utilizar o litoral, o literal, o espaço entre a repetição e a contingência.

Referências

LACAN, J. *Le Séminaire: Livre XVIII- D´un discours qui ne serait pas du semblant*. Paris : Éditions du Seuil, 2006, p. 108.

MILLER, J.-A. Lo real y el sentido, p.102.

PHILLIPS, A. Contingência para principiantes. In.: *O Flerte*, São Paulo: Ed. Companhia das Letras, 1998.

---

[6] A sua função de soberania sobre a estase, sobre o caos, era também um ideal. Dessa maneira, o analista poderia ficar impedido de ler a irrupção do gozo quando o semblante se rompesse. Rompido o semblante, o caos se instala. É por isso, também, que o analista deve "pegar leve", como sugeriu certa vez Célio Garcia. Atacar tangencialmente a consistência do semblante, dada a precariedade dos elementos disponíveis para o sujeito lidar com o real.

Qualquer livro do nosso catálogo não encontrado nas livrarias pode ser pedido por carta, fax, telefone ou pela Internet.

✉ Rua Aimorés, 981, 8º andar – Funcionários
Belo Horizonte-MG – CEP 30140-071

📱 Tel: (31) 3222 6819
Fax: (31) 3224 6087
Televendas (gratuito): 0800 2831322

@ vendas@autenticaeditora.com.br
www.autenticaeditora.com.br

Este livro foi composto com tipografia Garamond e impresso em papel Pólen Bold 80g. na Segrac Editora Gráfica

---